Titel-Illustration: Rudi Döpper

Copyright 2015
Herstellung und Verlag:
BoD - Books on Demand, Norderstedt
ISBN 978-3-8423-4754-0

*Ilona Waldera*

# HAPPY-HUHN-HARMONISTS

## Erbauliches, Köstliches und Nützliches um ein einzig dastehendes Quartett

## Zum Geleit:

*Dieses Buch wäre niemals geschrieben worden, gäbe es die wundervolle Musik der COMEDIAN HARMONISTS nicht. Kombiniert mit dem Duft eines vor sich hin schmurgelnden Spiegeleies haben die geschmeidigen A-Capella-Klänge eine Inspiration geschaffen, der die Autorin ganz und gar erlegen ist. (Wohlwissend, dass Hühner als Kochbuch-Protagonisten im Gegensatz zu Talkmastern oder Präsidentengattinnen eher unpopulär und daher schwer an den Verleger zu bringen sind.)*

*Mögen die Kükenkinder dieser Ohr-Nase-Gaumen-Liason ihrem Leser Vergnügen bereiten. Mehr noch: Mögen sie ihn traurige Stunden vergessen und fröhlich gackern lassen .....*

# ICH WOLLT´ ICH WÄR´ EIN HUHN!
## Foxtrott aus dem UFA-Film >Glückskinder<

Der Mann hat´s auf der Welt nicht leicht,
das Kämpfen ist sein Zweck,
und hat er endlich was erreicht,
nimmt´s eine Frau ihm weg!

Er lebt, wenn´s hoch kommt, hundert Jahr
und bringt´s bei gutem Start
und nur, wenn er sehr fleißig war,
zu einem Rauschebart!

**Ich wollt´ich wär´ein Huhn!
Ich hätt´nicht viel zu tun!
Ich legte vormittags ein Ei
und nachmittags wär´ich frei!
Mich lockte auf der Welt
kein Ruhm mehr und kein Geld,
und fände ich das große Los,
dann fräße ich es bloß!**

**Ich brauchte nie mehr ins Büro,
ich wäre dämlich, aber froh,
drum hab´ich mir gedacht:
Ich wollt´ich wär´ein Huhn,
ich hätt´nicht viel zu tun.
Ich legte täglich nur ein Ei
und sonntags auch mal zwei!
Juchei!**

Die Eier werden manchmal rar,
sie stehn auch gut im Preis,
drum ist das Huhn ein großer Star,
den man zu schätzen weiß.

Und hab ich manchmal keine Lust,
ein kluger Mensch zu sein,
erwacht ein Wunsch in meiner Brust
und ich gestehe ein:

**Ich wollt´ ich wär´ein Huhn ...**

**Text: Hans Fritz Beckmann    Musik: Peter Kreuder**
**Copyright 1936 by Ufaton-Verlag Berlin**

# Inhalt

**Seite**

7

# DER ENTSCHLUSS

**Hanna, die nougatbraune Henne** mit dem zartorangefarbenen Schnabel, rückte unwillig ein Stück zur Seite, als eine Kollegin direkt auf sie zugeflattert kam. Drei Zentimeter, schätzungsweise, gab sie von der Sitzstange preis. Nicht ein Millimeterchen mehr.

Wäre ja noch schöner!

Die jungen Dinger hatten nach ihr den Stall bezogen und dementsprechend weniger Rechte als sie. Eine Selbstverständlichkeit, an sich, Jahrtausende alt und weltweit gültig. In Freedenborstel genau so wie in Blagowjeschtschensk oder in New York, um nur ein Beispiel zu nennen.

Hanna wusste das. Ganz im Gegensatz zu diesen dummen Hühnchen.

Die andere quetschte ihren plustrigen Hintern unter unbekümmertem Gegacker gegen Hannas elegante verlängerte Rückenlinie. Impertinent! Der wütende Blick, der daraufhin an ihre Adresse ging, kam prompt zurück, versehen mit dem Stempelaufdruck >ANNAHME VERWEIGERT<.

Hanna gab auf. Zumal immer mehr von dem Jungvolk angedüst kam und der Gack-Gack-Kreisch-Krächz-Lärmpegel immer höher anschwoll. Das war nicht das, was Hanna sich unter ihrem Zuhause vorstellte. Keinen Tag länger würde sie in diesem Tollhaus verbringen! Nicht sie, o nein!

Also breitete sie die nougatbraunen Schwingen aus und bahnte sich ihren Weg ins Freie. Wohin genau sie wollte, wusste sie nicht. Was genau sie wollte, wusste sie ebensowenig.

Egal.

Hauptsache, sie hatte den kleinbürgerlichen Stallmief erst mal hinter sich gelassen. In der frischen Luft, auf dem komfortablen Ast eines Apfelbaums sitzend, würde sie nachdenken. Über sich , über ihre Zukunft, über den Sinn des Lebens, über ewiges Glück, über Ruh und Ehre, über ewig volle Futtertröge und über die Möglichkeit, alles miteinander zu verbinden.

Daran, dass ihr dies gelingen würde, bestand für Hanna nicht der geringste Zweifel.

*Hannas süße Zukunftsvisionen lassen sich durch Zubereitung und Genuss von Apfelspeisen nachvollziehen. (Dabei ist es nicht unbedingt erforderlich, im Geäst eines Apfelbaums zu sitzen. Kochen und Essen lassen sich auch im Liegen oder Knien erledigen.)*

*1. Rezept (ebenso simpel wie köstlich!)*
## *Äpfelmüssli*
***Zutaten:***
*Äpfel (säuerlich)*
*Butter*
*Wein (weiß)*
*Zucker, Zimt (gem.)*

***Zubereitung:***
*Äpfel schälen, in Brocken schneiden und kurz abspülen. In einem Topf Butter erhitzen und die Apfelbrocken hineingeben. Ein wenig Wein zugießen, mit Zimt und Zucker bestreuen (Menge nach Geschmack) und zugedeckt dünsten lassen, bis die Brocken leicht zerfallen.*
*Schmeckt warm oder kalt gleich gut.*

*2. Rezept (süße Zwischenmalzeit, die durchaus eine Hauptmahlzeit ersetzen kann.)*

## Apfelauflauf

### Zutaten:
250 g Zwieback
1/2 l Milch
2 Eier
2-3 Eßl. Zucker
1 Prise Salz
abger. Zitronenschale
2-3 Eßl. Rosinen
250 g Apfelstückchen
1 Eßl. Nüsse oder Mandeln
Butter

### Zubereitung:
Milch, Eier, Zucker, Salz und die abgeriebene
Zitronenschale miteinander verquirlen. Diese Eiermilch mit
dem zerbröckelten Zwieback, den Rosinen, den
Apfelstückchen und den gehackten Nüssen vermischen. Das
Ganze in eine mit Butter gefettete Auflaufschüssel schütten
und etwa 15 Minuten ziehen lassen, bis die Zwiebäcke fast
vollgesogen sind. Einige Butterflöckchen aufsetzen und in
den vorgeheizten Ofen schieben. Etwa 45 Mintuen lang
backen.
Den Auflauf warm anrichten, mit Zucker bestreuen oder
zusammen mit einer Fruchtsoße servieren.

# DER BISS INS
# HARTGEKOCHTE EI

**Ins schönste Nachdenken hinein** platzte ein Pärchen. Menschen, natürlich. „Immer da, wo man sie nicht brauchen kann", gurgelte Hanna in ihren Hühnerkropf hinein. Ansonsten verhielt sie sich auf ihrem Apfelbaumast dezent und still wie eine Seerose auf dem See. Konnte ja noch interessant werden, da unten .....

„Du bist verrückt, hoffnungslos verrückt", lachte das Mädchen. „Was sollen wir hier mit einem Grammophon?!"

„Musik machen, was sonst." Der Jüngling packte sie forsch bei den Handgelenken, drückte sie sanft an den Baumstamm und küsste sie. „Außerdem bin ich nicht verrückt, sondern originell", beendete er die Aktion.

Dem Mädchen schien das alles gut zu gefallen. Immerhin war sie jetzt bereit, dem Milchbubigesicht zu helfen. Aus dem Auto, das sie am Wegrand geparkt hatten, schleppten sie gemeinsam einen Kasten mit trichterförmigem Aufsatz, eine Decke sowie einen Picknickkorb.

Aha, Fütterungszeit, stellte Hanna hocherfreut fest. Da bleibt garantiert so dies und das an Pickenswertem übrig! Aber der Kasten, was soll der Trichterkasten da?

Minuten später wusste sie es.

Da hatte der Bursche an der Kurbel gedreht, woraufhin diverse nasale Männerstimmen im Chor von einer gewissen VERONIKA, dem LENZ sowie wachsendem SPARGEL sangen. Das >TRALLALLA< zwischendrin gefiel Henne Hanna besonders gut. Alles in allem ein herrliches Lied!

„Ich l i e b e die COMEDIAN HARMONISTS", gab die Kleine unterm Baum in schwärmerischem Ton von sich. Dann drehte sie wieder an der Kurbel, biss in ein hartgekochtes Ei und ließ sich auf die Decke fallen. Zu dritt hörten sie >WOCHENEND UND SONNENSCHEIN<, das Mädchen, der Jüngling und die Henne.

Dann, endlich, machten sich die zwei beiden davon und ließen Hanna wieder allein. Mit einem Haufen Krümeln und einer leeren Schallplattenhülle.

Hanna sah sich das Ding genauer an. Es zeigte mehrere Herren im Frack, tadellos, mit Einstecktuch und Nelke im Knopfloch. Darüber die Zeilen:
### Weltberühmt und unerreicht:
### Die Comedian Harmonists

Entschlossen pickte das nougatbraune Huhn sämtliche Weißbrotkrümel aus dem Gras. Ebenso entschlossen warf es den Kopf zurück und schrie in die Welt hinaus:
„Ich will auch einen Frack! Ich will auch vom Frühling singen! Ich will auch ein HARMONIST sein!"


So kam es, wie es kommen musste: erst ein Apfelbaum, dann ein Grammophon, dann ein hartgekochtes Ei, dann die Idee.

DIE HAPPY-HUHN-HARMONISTS WAREN NICHT MEHR AUFZUHALTEN.

## Eier-Philosophie (1)

*Frage:*
*Wer war zuerst da, das Huhn oder das Ei?*

*Antwort:*
*Das Huhn. Denn Hanna hatte eindeutig bereits ihre Stellung im Baum bezogen, als Picknickkorb samt Ei auftauchte.*

*Frage:*
*Ist das überhaupt für irgendjemand von Belang?*

*Antwort:*
*Nö.*

## Eier-Philosophie (2)

*Abgesehen von seinem philosophischen Wert ist das Ei auch von praktischem Nutzen. Man kann es ...*

*a) als Zeitvertreib während einer Entdeckungsreise benutzen. Kolumbus hat es gern vor Freunden auf die Spitze geknallt und dabei etwas von „schwierigen Aufgaben" und „einfachen Lösungen" gefaselt.*
*b) zur Bildung von Zellen benutzen, weil es sehr protein- bzw. eiweißhaltig ist. Das gilt für Mensch und Tier. Pflanzen haben keinen Bedarf an Spiegelei & Co., weil sie selbst in der Lage sind, Eiweiß herzustellen.*

*c)*  auf einen Löffel legen und damit zur Belustigung einer Kinderschar losrennen.

*d)*  bunt anmalen und im Garten verstecken.

*e)*  zum Jonglieren verwenden und mit dieser Nummer zum Zirkus gehen.

*f)*  ausblasen, Schleifchen durchziehen und irgendwo aufhängen.

*g)*  in lustigen Kartons wochenlang im Kühlschrank aufbewahren.

*h)*  einem erfahrenen Barkeeper anvertrauen, um es verquirlt und mit Hochprozentigem verfeinert als geistiges Getränk zu genießen.

*i)*  sich ins schüttere Haar schmieren und hoffen, nach angemessener Einwirkzeit eine wallende Haarpracht sein eigen zu nennen.

*j)*  monatelang lagern, um es dann auf Bühnendarsteller oder sonstige Persönlichkeiten mit denen man absolut nicht konform geht, zu werfen.

*k)*  nach ganz spezieller chinesischer Art sauer einlegen und nach einigen Jahrhunderten als >tausendjährige Köstlichkeit< teuer verkaufen.

*l)*  auf jede erdenkliche Art und Weise zubereiten und essen.

# FEINES MIT HARTGEKOCHTEN EIERN

## Artischocken-Scampi-Vorspeise

**Zutaten:**

1 Dose Artischockenherzen
400 g gegarte Scampi (ohne Schale)
2 Schalotten od. kleine Zwiebeln
3 hartgekochte Eier
Salz, Pfeffer, Zucker
Kerbel, Dill, Petersilie, Estragon
1/2 Teel. Senf
6 Eßl. Öl
2 Teel. Kapern

### Zubereitung:

Schalotten fein hacken, Eier in Scheiben oder Stücke schneiden. Aus Öl, Senf, Kapern, Gewürzen und Kräutern eine Marinade herstellen und mit den Zwiebeln und den Eiern mischen. Die Artischockenherzen abtropfen lassen und zusammen mit den Scampi auf Tellern anrichten. Mit der Marinade begießen und mit Dill garnieren.

Ideal dazu: Weißbrot, ein trockener Weißwein oder Sekt.

## Eierfrikassée

**Zutaten:**
3 hartgekochte Eier
20 g Fett (Margarine od. Butter)
1 Eßl. Mehl
1/4 l Wasser od. Brühe
Salz, Pfeffer, Paprika
geriebener Käse

**Zubereitung:**
Aus Fett, Mehl und Wasser eine Mehlschwitze herstellen. Die Eier in Scheiben schneiden, in feuerfeste Förmchen füllen, mit der Tunke übergießen und nachwürzen. Mit geriebenem Käse bestreuen und unterm Grill oder bei starker Oberhitze überbacken.
Als Vorspeise reichen.


## Gefüllte Lachseier auf Toast

**Zutaten:**
4 Scheiben Toastbrot
Butter
6 Scheiben Lachs
4 hartgekochte Eier
2 Eßl. Majonäse
1 Gewürzgurke
1 kleine Zwiebel
Salz, Pfeffer
Oliven, Kapern

***Zubereitung:***

*Brot toasten, buttern und mit Lachs belegen. Die Eier längs halbieren. Das Eigelb herausnehmen und mit Majonäse und den anderen zerkleinerten Zutaten mischen. Pikant abschmecken. Die Ei-Mischung wieder in die Ei-Hälften füllen, mit der Öffnung nach unten auf die Lachsbrote legen und mit Oliven und Kapern garnieren.*

*Als Vorspeise oder delikaten Snack reichen.*

# ACHTUNG - SELTEN!

**Mit schlafwandlerischer Sicherheit** stieg die nougatbraune Henne namens Hanna in die Fußstapfen des Harry Frommermann, der nur eins wollte: „Weg von der großen Herde, aus der ich hervorging."

Das wollte Hanna auch.

Der verhinderte Schauspieler hatte es satt, „eine Null, ein Niemand" zu sein.

Genau wie Hanna.

Er machte sich auf die Suche nach >**schön-klingenden Stimmen ... für ein einzig dastehendes Gesangsensemble**<.

Das tat Hanna auch. Auf ihre Art.

Während Herr Frommermann seine letzten Groschen in eine Kleinanzeige im BERLINER LOKALANZEIGER investierte,
versuchte das gefiederte Fräulein Hanna es mit Telepathie. Das kam günstiger und erforderte keinen Ortswechsel. Sie blieb auf dem Apfelbaumast sitzen, sammelte alle ihr zur Verfügung stehenden geistigen Kräfte und formulierte eine Suchanzeige. Selbige wich in Form und Inhalt nur geringfügig vom Original ab, das in der Scherl-Filiale, Friedrichstraße 136 aufgegeben und am 29. 12. 1927 veröffentlicht wurde.

**Zum Vergleich**
Harry Frommermanns Text:

---

Achtung. Selten. Tenor, Baß (Berufsanfänger, nicht über 25), sehr musikalisch, schönklingende Stimmen, für einzig dastehendes Ensemble unter Angabe der täglich verfügbaren Zeit gesucht.

---

Hannas Text:

---

Alle Hühner mal herhören!
Kannst du einigermaßen singen? Wenn ja, und wenn du nicht zu gerupft aussiehst und gut drauf bist, kannst du bei meiner sensationellen Gruppe HAPPY-HUHN-HARMONISTS mitmachen.

---

Mittels ungeheurer Konzentration bündelte Hanna die Sätze und sandte sie - Wurfpfeilen gleich - in alle ihr bekannten Himmelsrichtungen. Also nach rechts, nach oben und nach vorn.

„Mal gucken, wer da kommt", gelang es ihr noch zu denken, bevor Morpheus´ Arme sie fest umschlossen.

## *Wissenswert:*

---

*Eine unter strengsten wissenschaftlichen Aspekten durchgeführte Testreihe hat ergeben, dass neun von zehn Hühnern in der Lage sind, Kleinanzeigen auf telepathischem Wege aufzugeben. Bei Menschen verhält es sich umgekehrt proportional. Während neun Personen mühelos ein Formblatt zwecks Anzeigenaufgabe ausfüllen und in einen Briefumschlag stecken können, kommt nur eine Person ohne Stift, Papier, PC, Telefon oder sonstige Hilfsmittel aus.*

*Prof. Dr. Sabelinsky, Leiter der Forschungsabteilung >Verhaltensdifferenzen zwischen Mensch und Huhn< führt dies auf den erhöhten Eiweißgehalt im Hühnerhirn zurück. Eine Steigerung der Eißweißaufnahme über Nahrungsmittel wie z.B. Fisch kann seiner Ansicht nach die menschliche Fähigkeit zur Telepathie drastisch bessern.*
*(Demgegenüber lässt er den Hühnern wenig Hoffnung, durch Abbau ihres Hirn-Eiweißvolumens die Fertigkeit des Schönschreibens zu erlangen.)*

*Leicht verdaulich, jodhaltig (gut für die Schilddrüse!) und reich an hochwertigem Eiweiß (gut fürs Hirn und überhaupt!) ist dieses Fisch-Gericht:*

## Kabeljau mit Gurkengemüse

### Zutaten:
*600 g Kabeljaufilet*
*1 kleine Salatgurke*
*12 Bundmöhren*
*1 Eßl. Butter*
*Salz, Pfeffer*
*1/8 l Fischfond*
*2 cl Weißwein*
*4 Zweige Dill*

### Zubereitung:
*Gurke schälen, längs halbieren, entkernen und in dünne Scheiben schneiden. Möhren schälen, wobei der Grünansatz stehengelassen werden soll. Butter in einer Pfanne erhitzen, Gurkenscheiben darin andünsten, salzen, pfeffern und mit 1/4 l Wasser ablöschen. Kabeljaufilet und Möhrchen dazugeben, ohne Deckel knapp 10 Minuten köcheln. Mit Fischfond und Wein begießen, weitere 5 Minuten garen lassen.*

*Den Kabeljau mit dem Gurkengemüse anrichten und mit dem fein gehackten Dill bestreuen.*

# TACH, HERMINE!

## „N'Tach, ich bin die Hermine!"

Eine Henne beachtlicher Größe, schwarz-weiß gesprenkelt und füllig, brachte bei ihrer Landung den Apfelbaumast gehörig zum Zittern. Von den süßen Stunden in Morpheus'Armen noch leicht benommen klappte Hanna zunächst einmal nur einen Augendeckel auf. Während sie den zweiten in die Höhe zog, hatte sie Zeit gewonnen, sich zu erinnern: Aha, die Suchanzeige. Soso, die erste Bewerberin. Hm, hm ....

„Stimmt was nich?", wollte die Dicke in wohltemperiertem Baß wissen.

Ihre Frage wurde umgehend mit einer Gegenfrage beantwortet:
„Kommst du vom Lande?"

„Ja-ah. Oiestrichwinkel, Kreis Fluffenhausen, linker Niederrhein." Und bedeutend leiser und weniger forsch: „Hört man das?"

Hanna rümpfte den orangefarbenen Schnabel: „Nein. Aber riechen tut man's."

Weil die schwarz-weiß gesprenkelte Riesin neben ihr zu mittlerer Größe zusammengeschrumpft war, beschloss Hanna, ihr was Nettes zu sagen. Bevor sie eventuell noch weiter schrumpfte. Also klopfte sie ihr mit dem Flügel aufmunternd die Federrückenpartie. „Hermine", stellte sie klar, „ich bin mir sicher, dass du im Frack eine ausgezeichnete Figur machst!"

FRAGE:
Wer oder was, bitteschön, ist M o r p h e u s ? ? ?


ANTWORT:
Altgriechischer Traumgott.
Wer auch immer in seine Arme sinkt - egal ob Huhn, Ameise
oder Oberstudienrat - genießt einen tiefen und festen Schlaf.
Wenn er Glück hat, sogar die süßesten Träume ...

Ersatzweise dafür bieten sich diese süßen Träume für den
Gaumen an:


## *Rosinen-Mandel-Spaghetti*
### *Zutaten:*
200 g Spaghetti, extra lang
etwas Öl
3 Eßl. Rosinen
3 Eßl. Mandelstifte
einige frische Erdbeeren
süße Sahne
Butter
Honig, Zucker


### *Zubereitung:*
*Die Spaghetti in leicht gesüßtem Wasser bissfest kochen, mit
heißem Wasser abspülen, mit wenig Öl vermischen
und abtropfen lassen. Die Rosinen waschen und gut
einweichen lassen, die Erdbeeren waschen, halbieren oder
vierteln. (Ein paar ganze Erdbeeren zur Dekoration
aufbewahren.) Etwas Butter in die Pfanne geben und mit*

Honig leicht aufschäumen, die abgetropften Rosinen sowie die Mandelstifte darin schwenken.

Die Spaghetti nochmals kurz mit ein wenig Sahne und etwas Zucker erhitzen, auf Tellern anrichten und die Rosinen-Mandelmasse darauf verteilen. Mit Erdbeeren garnieren.

## Semmelklöße mit Kirschsoße

### Zutaten:
500 g Süßkirschen
6 altbackene Brötchen
1/4 l Milch
2 Eier
3-4 Eßl. Paniermehl
3 Eßl. gehackte Haselnüsse
7 Eßl. Zucker
5 Eßl. Zitronensaft
1 Eßl. Vanillezucker
2 cl Kirschwasser

### Zubereitung:
Kirschen waschen, entstielen und entsteinen. (Einige Kirschen zur Dekoration zurücklegen.) Brötchen in kleine Würfel schneiden, Milch erwärmen, über die Brötchen gießen und ca. 30 Minuten einweichen lassen. Eier, Paniermehl, Haselnüsse und 5 Eßl. Zucker zugeben. Masse zu einem festen Teig verkneten und rund 30 Minuten ruhen lassen. Teig zu einer Rolle formen und in acht gleichmäßige Scheiben schneiden. In die Mitte jeder Scheibe einige Kirschen geben und zu einem Kloß formen. Klöße in kochendem Wasser 20 - 25 Minuten ziehen lassen.

*Für die Soße die restlichen Kirschen mit Zitronensaft*
*pürieren und mit Vanillezucker und dem restlichen Zucker (2*
*Eßl.) sowie dem Kirschwasser abschmecken.*
*Die Kirschklöße mit der Soße auf Tellern anrichten und evtl.*
*noch mit Zitronenmelisse und Krokant garnieren.*

## Quarkgelee
### Zutaten:
*250 g Quark*
*1/4 l Milch oder Sahne*
*3 Blatt weiße Gelatine*
*40 g Zucker*
*1 P. Vanillezucker*
*4 Eßl. Preiselbeerkompott*

### Zubereitung:
*Die Gelatine in reichlich kaltem Wasser einweichen. Die*
*Milch erhitzen und die eingeweichte und gut ausgedrückte*
*Gelatine darin lösen. Milch anschließend abkühlen lassen.*
*Den Quark mit Zucker und Vanillezucker verrühren. Unter*
*ständigem Rühren die Milch zugeben und alles gut mischen.*
*Das Preiselbeerkompott auf Glasschälchen verteilen, mit der*
*Quarkcreme auffüllen und an kühlem Ort erstarren lassen.*

ANMERKUNG:
Essbare Träume können durchaus mit geträumten Träumen
kombiniert werden, indem man erstere im Bettchen liegenzu
sich nimmt und dann abwartet, ob und wann Herr Morpheus
erscheint. **chrrrrr-püüühhhh, chrrrr...**

# DER KITTELROCK

**Der Frack. Himmel, wie sehr sie sich darauf freute!** Der Entschluss, ein a capella singendes Hühner-Ensemble zu gründen, beruhte nicht zuletzt auf der Faszination, die dieses Kleidungsstück auf Hanna ausübte. Egal ob Männlein oder Weiblein (man denke nur an **Marlene!!!**), der Frack putzte ungemein und machte mächtig was her.

Unverständlich für Hanna, dass ihre gefiederten Kolleginnen und Kollegen so lang darauf verzichtet hatten. Ein Versäumnis, das hauptsächlich auf Unkenntnis in Bekleidungsfragen basierte, wie sich gleich herausstellte.

„Frack? - Was'n das???", gurrte Hermine aus Oiestrichwinkel. Und, vorsichtshalber gleich hinterher: „Happich nich, brauchich nich!"

O, dieses Landei! Hanna zwang sich freundlich zu bleiben, legte aber gleichzeitig Strenge in ihre Stimme: „Selbstverständlich brauchst du einen Frack, wenn du bei den HAPPY-HUHN-HARMONISTS mitsingen willst, du ahnungslose Dorfpommeranze, du! Wir wollen ja schließlich von Anfang an Erfolg haben, oder?!"

Hermine, errötend unter all den schwarz-weißen Sprenkeln, nickte eilfertigst.

„Na siehst du. Rosen soll es regnen, während Champagnerkorken knallen und Kaviarbüchsen aufspringen." Sie bohrte ihren Blick in die kügelchenrunden Hennenaugen neben sich:
„Oder ziehst du dem Butterblumen, Wasser und Weizenkleie vor, hmm?"

Heftiges Kopfschütteln.

Hanna schaltete eine Gangart runter und war dicht davor, liebenswürdig zu sein: „Bist´n kluges Kind, Herminchen, da gibt´s mal nix. Und du wirst das alles noch besser verstehen, wenn ich dir erzähle, was unseren großen Vorbildern passiert ist, als sie zum ersten Mal vorgesungen haben, damals, in der >Scala< ...“

„Die **Comedian Harmonists** haben in einem Kino in Neuenkirchen-Vluyn vorgesungen? Wirklich?“

Betroffenes Schweigen.

Darauf fuhr Hanna fort, ruhig und sachlich: „Also damals, in der >Scala<, die selbstverständlich kein Kino in Neuenkirchen-Vluyn sondern ein erstklassiger Vergnügungspalast in Berlin war, haben die **Comedian Harmonists**, die sich noch >Melody Makers< nannten, vorgeträllert. Man stelle sich vor, in ............
S t r a ß e n a n z ü g e n !“ Hannas ohnehin hohe Stimme überschlug sich vor Entsetzen: „Iiiigittt! Das konnte natürlich nichts werden. Der Direktor hat sie sofort wieder nach Hause geschickt.“

„Und dann? Was ist dann passiert?“ Die Dicke rutschte ungeduldig von der rechten auf die linke Pobacke und wieder retour.

Die nougatbraune Henne ließ - dramaturgisch überaus geschickt - ein paar Spannungssekunden verstreichen. „ .....
Dann haben sie sich in ihre Fräcke geworfen und eine Weltkarriere gestartet.“

**Der Duden sagt ...**

**FRACK**, im 18. Jahrhundert aus dem langschößigen Kittelrock durch Zurückschlagen bzw. Weglassen der Vorderschöße entstanden; bis 1850 allgemein als Straßenanzug getragen, seitdem nur noch als Ball- oder Gesellschaftsanzug aus dunklem Tuch; bei Kellnern Berufskleidung.

# Was trägt der elegante Herr am Abend?

*Für den Herrn gibt es den Stresemann, den Cut, Frack und Smoking. Der Cut besteht aus einer grau und schwarz gestreiften Hose, grauer Weste und Krawatte, die mit einer Perle geschmückt werden sollte. Dazu trägt man ein weißes Hemd und die typische einreihige dunkle Schoßjacke mit den abgeschrägten Schößen. Zu diesem Anzug gehört traditionsgemäß der Zylinder - in Grau bei festlichen Anlässen, in Schwarz bei einem Trauerfall. Der Cut - oder korrekt Cutaway - ist eine Herrenbekleidung für feierliche Tagesanlässe (am Abend trägt man Frack oder Smoking), Hochzeiten, Staatsempfänge, Jubiläen, Ordensverleihungen.*

*Der kleine Bruder des Cut ist der Stresemann, erfunden von Gustav Stresemann, dem Außenminister der Weimarer Republik. Er kombiniert die Streifenhose und Weste mit einer einfachen schwarzen Jacke. Bei dieser Kombination entfällt der Zylinder, man trägt einen schwarzen Bowler, auch Melone genannt. Gelegenheiten, einen Stresemann auszuführen, sind, ähnlich wie beim Cut, Jubiläen, Empfänge, Staatsexamen, aber auch Theater- oder Konzertbesuch.*

*Am Abend sind dann Frack oder Smoking die korrekte Gesellschaftskleidung. Der Smoking - in England Dinnerjacket, in Amerika Tuxedo genannt - ist derzeit der beliebteste abendliche Herrenanzug, weil am wenigsten aufwendig. Er ist ein- oder zweireihig, meist schwarz, neuerdings aber auch andersfarbig. (Die Farbpalette reicht von blau über violett bis hin zu pink!)*

*Im Sommer, bzw. in südlichen Ländern oder bei Kreuzfahrten kombiniert man die dunkle Hose mit einer weißen oder cremefarbenen Jacke. Diese Aufmachung bezeichnen wir im deutschsprachigen Raum dann als Dinnerjacket. Das Sakko des Smokings hat auf alle Fälle Seidenrevers, die Hose seidene Galons (Tressen), dazu gehören eine seidene Weste oder der breite Kummerbund. Das Hemd ist weiß, kann aber mit Rüschen, Biesen oder Fältchen aufgepeppt sein, auch die Fliege muss nicht schwarz sein. Den Smoking trägt man bei allen festlichen Abendeinladungen, bei Bällen (sofern man da nicht auf den Frack zurückgreift), in Theater, Oper, Konzert, bei Empfängen und Diners.*

*Der Frack ist die große Abendgarderobe für den Herrn, auf der Einladung auch als >Cravate blanche< oder >großer Gesellschaftsanzug< bezeichnet. Er entstand im 18. Jahrhundert, war ursprünglich für Offiziere gedacht, drang aber sehr bald ins Bürgertum vor und wurde zur üblichen Tageskleidung für den Herrn der Mittel- und Oberschicht. Erst 1850 verschwand er von der Straße und blieb dem Abend vorbehalten. Der Frack ist schwarz oder nachtblau und besteht aus einer schmalen Hose mit hohem Bund und Galons, einem weißen Hemd mit ausgearbeiteten Ecken, einer gestärkten zweireihigen Pikeeweste und einer kurzen Jacke mit zwei knielangen Schwänzen an der Kehrseite. Die Schleife ist weiß (natürlich handgebunden!), als Perfektion des Stils gilt die goldene Taschenuhr. Wird der Frack tagsüber getragen, z.B. in der Kirche, gehört auch der Zylinder dazu.
Abends legt man den Frack an, wenn man zu Staatsempfängen geladen ist oder auf Bällen, Opern-*

Premieren, bei offiziellen Diners (wenn auf der Einladung erwünscht), bei Hochzeitsfeiern.

Zu allen Gesellschaftsanzügen trägt man schwarze Leder- oder Lackschuhe und schwarze Seidenkniestrümpfe. Für den Weg sollte man einen schwarzen Mantel wählen, dem man mit einem weißen Seidenschal zusätzliche Eleganz verpassen kann.

# DEM RHEIN ENTWACHSEN

**„Und? Bin ich zu spät?"**

Die Stimme, die schon von weitem zu hören war und einer reinweißen Henne gehörte, überschlug sich vor Aufregung. „Habt ihr schon einen Bariton, oder kann ich noch mitmachen?"

Ohne eine Antwort abzuwarten ließ die Reinweißgefiederte sich direkt unterm Apfelbaum nieder, griff nach einem Notenbuch, warf sich in Positur und verlangte - dringend und unerbittlich - zu wissen: „Warum ist es am Rhein so schön, am Rrrrrrrrhein soooooo schöööööön?????"

Danach streifte sie betont lässig die weißen Glacéhandschuhe ab, die sie auf den ebenfalls weißen Flügelhänden trug. Das Notenbuch hielt sie einen Moment lang unentschlossen fest. Es war nicht zu übersehen, dass sie auf eine Reaktion von oben wartete. Hanna nebst Hermine taten ihr den Gefallen. Sie klatschten, die eine weniger, die andere mehr, und lächelten wohlwollend zu ihr herunter.

„Einen klassischen Bariton können wir durchaus noch brauchen", sprach Hanna endlich das erlösende Wort. „Du bist bei den HAPPY-HUHN-HARMONISTS aufgenommen."

„Wunderbar, ganz wunderbar! Dann kann ich ja dies Ding hier wegwerfen. Stehen nur Sachen drin, denen ich mittlerweile künstlerisch entwachsen bin." Sie warf das Buch mit einer Hand über die Schulter und kümmerte sich nicht die Bohne drum, dass es cirka zehn Meter weiter in irgendetwas Nasses platschte. Sie hatte Besseres zu tun. Während sie sich im Steilflug Hanna und Hermine auf

Augenhöhe näherte, stellte sie sich vor: „Mein Name ist Hilde. Eigentlich Hildegard, aber ich finde, das ist zu konservativ für eine wie mich. Hilde klingt da bedeutend flotter, moderner .... Findet ihr nicht?!"

„Doch, doch. Da ist Musik drin", bestätigte Hermine.

„Swingt richtig ab", beteuerte Hanna. Und kam für sich zu dem Schluss, dass Hildes Stimme nur so làlà war, ihre Glacéhandschuhe hingegen große Klasse. Während Hermine durch den Kopf ging, dass die neue Stimme super war, die weißen Handschuhe jedoch absolut bescheuert. Die machen nicht gerade einen professionellen Eindruck, die zwei, dachte Hilde, aber mit mir zusammen können sie es schaffen.

# Warum ist es am Rhein so schön?

Eine Frage, die millionenfach gestellt, jedoch nur mangelhaft beantwortet wurde. Während bislang blondgelockte Maiden und goldene Weinreben als Begründung für das Verweilen am Rhein benannt wurde, liegen nun neue Erkenntnisse vor. Darin spielen das obergärige Bier, genannt >Kölsch< und die Rheinische Küche eine entscheidende Rolle.
Zu Recht, werden alle sagen, die schon einmal einen original Rheinischen Sauerbrauten genossen und dazu vom Köbes ein Kölsch in die Hand gedrückt bekommen haben.
Wenn damit die o.g. Frage auch nicht absolut und 100%ig geklärt ist, so ist man doch der Wahrheit ein ganzes Stück näher zu Leibe gerückt.


## Rheinische Zwiebelsuppe
### Zutaten:
6 Zwiebeln
1 kg Kartoffeln
4 Eßl. Butter od. Margarine
1 l Fleischbrühe
1 Lorbeerblatt
2 Paar grobe Bratwürste
Salz, Pfeffer
2 Eßl. Essig
gehackte Petersilie

### Zubereitung:
Zwiebeln schälen und in Scheiben schneiden. Kartoffeln schälen, waschen und grob würfeln. Butter in einem hohen

Topf erhitzen und die Zwiebelscheiben darin glasig dünsten.
Danach Kartoffelwürfel, Fleischbrühe, Lorbeerblatt und
Bratwürste zugeben und zum Kochen bringen. Die Suppe bei
mäßiger Hitze etwa 1 1/2 Stunde kochen.

Die Würstchen herausnehmen, in Scheiben schneiden und
wieder in den Topf geben. Mit Salz, Pfeffer und Essig pikant
abschmecken und mit Petersilie bestreuen.

## Rheinische Kümmelkartoffeln
### Zutaten:
1 kg Kartoffeln
Salzwasser
2 Zwiebeln
2 Eßl. Schweineschmalz
1 gehäufter Eßl. Mehl
1/2 bis 3/4 l Fleischbrühe
1 Lorbeerblatt
1 Teel. Kümmel
Salz, Pfeffer, Muskat
gehackte Petersilie

### Zubereitung:
Kartoffeln waschen und 25 Minuten in Salzwasser kochen.
Dann pellen, abkühlen lassen und in grobe Würfel
schneiden. Das Schweineschmalz in einem flachen Topf
erhitzen und die gehackten Zwiebeln darin goldgelb dünsten.
Mehl einstreuen und unter Rühren dünsten, bis es Blasen
wirft. Mit Fleischbrühe auffüllen und glattrühren.
Lorbeerblatt, Kümmel zugeben und diese Soße bei offenem

*Topf etwa 10 Minuten köcheln lassen. Mit Salz, Pfeffer und Muskat abschmecken. Die Kartoffelwürfel untermengen, alles kurz aufkochen lassen, anrichten und mit Petersilie bestreuen.*
*Zu gekochtem Rindfleisch, zu Blut- und Leberwürstchen oder zu Frikadellen servieren.*

# ES LEBE DER ZIRKUS!

**Da saßen sie zu dritt,** die Hanna, die Hermine und die Hilde. Einen schnöden Apfelbaumast unter den Füßen und eine strahlende Zukunft vor Augen.

„Unser Vokalensemble ist komplett", stellte Hanna befriedigt fest. „Wir haben einen Baß sowie einen Bariton." Ein Das-Ist-Ja-Wohl-Klar-Und-Eine-Selbstverständlichkeit-Blick begleitete den nächsten Satz: „Und mit mir und meiner enorm hohen Silberfadenstimme verfügen wir über einen Tenor von unglaublichem Liebreiz." Ein Seufzer aus den tiefsten Tiefen einer Hühnerbrust und der Ausruf: „EIN DREIFACH HOCH AUF DIE HAPPY-HUHN-HARMONISTS!!!"
Sie fielen sich in die Arme. Hilde schluchzte. Der Apfelbaumast zitterte. Hermine schrie auf: „Lasst uns singen! Musik, zwo, drei, vier ...!"

M U S I K ? ? ?
Wo war die Musik?

Mit der Brutalität und Schnelligkeit einer Fliegenklatsche ging die Erkenntnis auf sie nieder, dass etwas Entscheidendes fehlte. Die HAPPY-HUHN-HARMONISTS hatten keine Begleitung.

Verflixt nochmal!!!

Ernüchtert lösten sie sich voneinander, verharrten still und stumm, worauf der Ast augenblicklich das Zittern einstellte. Qualvolle Minuten verstrichen. Wieder war es die nougatbraune Hanna, die das Wort ergriff: "Meine Damen, wir brauchen noch eine Henne am Klavier, umgehend."

Stille. Doch dann, mitten in die Stille hinein: „Reicht auch eine Henne am Piano?"

Verursacher dieser Frage war niemand anderer als Hilde. Weiß wie frischgeschlagene Sahne hockte sie da und lächelte. „Eine Bekannte einer Bekannten arbeitet beim Zirkus", führte sie aus. „Henriette ist eine vielseitige Künstlerin, jongliert mit rohen Eiern, assistiert sowohl einem Zauberer als auch einem Messerwerfer und liefert die Pausenmusik. >Polly Pickpick< nennt sie sich, und so weit ich informiert bin, ist sie für die nächste Spielsaison frei."

Hildchen intensivierte ihr Lächeln. „Soll ich ..." Weiter kam sie nicht. Hanna brüllte los: „Herholen, sofort herholen! Am besten gleich samt Piano!"

Die Hanna und die Hilde strahlten sich beide an wie zwei kleine Sonnen, fast explodierend vor Energie und Glück. Da strahlte die Hermine automatisch mit. Obwohl ... obwohl sie zu gern gefragt hätte, was der Blödsinn mit dem Pi-a-no denn sollte, wo sie doch nichts anderes als ein Klavier brauchten. Aber weil irgendeine Stimme von irgendwoher tief drinnen ihr davon abriet, hielt sie den Schnabel.

# Witziges aus Zirkuszelten

. *Entnervt kniet der Dompteur mit dem erloschenen Feuerreifen vor dem Löwen: „Springen sollst du, nicht pusten!"*

. *„Aus 20 Metern Höhe", erklärt der Artist dem Direktor seine Nummer, „springe ich in eine Weinflasche."*
*„Nicht schlecht", brummt der Direktor. „Aber da ist doch sicher ein Trick dabei..."*
*Gesteht der Artist: „Klar, ich benutze einen kleinen Trichter."*

. *„Wer war denn der Mann heute morgen, der alle unsere Hotelbetten durchsucht hat?", fragt der Gast das Zimmermädchen.*
*„Das war der Direktor vom Flohzirkus, der hat bei uns das Jagdrecht gepachtet."*

. *Der Zirkus hat eine sensationelle Nummer: Ein Löwe und ein Schaf treten zusammen in einem Käfig auf. „Die beiden vertragen sich tatsächlich?", will der Reporter wissen.*
*„Jedenfalls meistens", antwortet der Dompteur. „Und wenn nicht, dann kaufen wir ein neues Schaf."*

. *Die Häsin zu ihrem Jüngsten: „Dich hat ein Zauberkünstler aus dem Hut gezogen - und jetzt hör endlich auf zu fragen!"*

# DISZIPLIN IST ALLES

**Henriette, alias Polly Pickpick**, brauchte nicht erst überredet zu werden. Sie hatte lange genug alles Mögliche ausprobiert, hatte in dieser und in jener künstlerischen Sparte herumgewurschtelt und war doch nie über das mäßige Mittelmaß hinausgekommen. Es war offensichtlich, dass es bei ihr zu einer Solokarriere nie reichen würde.

„That´s the fact, baby, grausam aber wahr", sprach sie zu sich selbst, und: „Was ich allein nicht schaffe, kann ich vielleicht-bestimmt-ganz sicher mit der Gruppe schaffen. Also, go on, Pollybaby, sag Ja zu den HAPPY-HUHN-HARMONISTS!"
Ohne dem Direktor (der sich nur selten an sie erinnerte, bei Gagen-Auszahlung grundsätzlich nie) Lebewohl zu sagen, klemmte sie sich das Pianino unter den Flügel und machte sich davon. Zum Apfelbaum, der für die Musikerhennen zur Heimstätte, zum Sammelpunkt und zum Probenraum geworden war.

Jetzt erst waren die HAPPY-HUHN-HARMONISTS wirklich komplett. Mit der exzentrischen rot-gesträhnten Henriette hatten sie nicht allein die geforderte Klavierbegleitung gewonnen. Nein, mehr noch! Sie inspirierte alle. Durch ihr Improvisationstalent auf den Elfenbeintasten und durch ihre komödiantische Begabung. Ganz nebenbei präsentierte sie noch die 2. Tenorstimme, fehlerfrei plus lupenrein. Doch das Wichtigste, das sie in die Gruppe mit einbrachte, war zweifelsfrei die Disziplin. Neu und ungewohnt für Hanna, Hermine und Hilde.

Dis-zi-plin. Ein irgendwie unangenehm klingendes Wort. Dabei hatte gerade dieses Wort samt seiner Bedeutung die Voraussetzung für die sensationelle Harmonie der großen

Vorbilder geschaffen. Eiserner Probenwille, gepaart mit der Bereitschaft sich unterzuordnen, waren einst die Basis für den Triumphzug der **Comedian Harmonists** gewesen.

Henriette, die Akrobatin, die Schwerarbeiterin, die Willensstarke, lieferte ihnen das Rüstzeug zu einer Wiederholung dieser Karriere frei Haus. Oder, korrekt gesprochen: frei Apfelbaum. Sie schmiedete aus dem lockeren Hühnerhaufen eine edelstahlharte Einheit.

Zugegeben, mit kleinen Macken hie und da. Dennoch ausreichend, um mit dem gefiederten Vokalensemble die Welt zu erobern. Unbedingt.

*Personen, die aus irgendeinem (tragischen) Grund gezwungen sind, tagein tagaus diszipliniert und hart zu arbeiten, sollten unbedingt gut essen!*

*Zum Beispiel sowas hier:*

## Rostbraten im Topf

**Zutaten:**

*4 Scheiben Rostbraten*
*Pfeffer, Mehl, Fett*
*1/2 Zwiebel*
*Paprikapulver, süß*
*1 Eßl. Tomatenmark*
*150 g Pilze*
*1 kg Kartoffeln*

**Zubereitung:**

*Die von den Knochen gelösten Fleischscheiben salzen, pfeffern, leicht in Mehl wälzen und in heißem Fett von beiden Seiten rasch anbraten, jedoch so, dass sie innen roh bleiben. Die gebratenen Fleischstücke auf einen Teller legen, in dem Bratfett die geriebene Zwiebel dünsten, Paprika (etwa 1 Messerspitze) und Tomatenmark zugeben und mit etwas Wasser (besser: Fleischbrühe) aufgießen. Das Fleisch und die Pilze hineinlegen und zugedeckt dämpfen. Den Topf häufig schütteln und die Brühe wenn nötig ergänzen. -*
*Wenn das Fleisch weich zu werden beginnt, geschälte und geviertelte Kartoffeln beigeben. Sobald alles gar ist, das Fleisch mit den Kartoffeln garniert auftragen.*

## Rotkraut mit Kastanien
**Zutaten:**
1 kg Rotkraut
100 g Fett
2 Eßl. Mehl
Weißwein
Fleischbrühe
Zucker
Kastanien, geröstet

**Zubereitung:**
Das Rotkraut abspülen und fein hobeln. In einem großen
Topf Fett erhitzen und das Rotkraut darin dünsten. Mit Mehl
bestreuen, mit Brühe übergießen, etwas Zucker und eine
beliebige Menge gerösteter Kastanien dazugeben. Ein- bis
zweimal aufkochen.
Als Beilage heiß servieren.


## Topfenbuchteln
**Zutaten:**
250 g Mehl
100 g Butter
40 g Fett
Zucker, Salz
3 Eigelb
15 g Hefe
saurer Rahm/Sahne
Milch
Zitronenschale, gerieben
250 g Topfen/Magerquark

## Zubereitung:

*Die Hefe zerbröckeln und im Rahm verrühren. Das Mehl, die Butter, das Fett, den Zucker (nach Geschmack 1 Teel. oder mehr), etwas Salz, die Dotter von 2 Eiern und die gelöste Hefe mit der entsprechenden Menge Milch zu einem Teig ankneten. Fingerdick ausrollen und in Rechtecke schneiden. Den Topfen durch ein Sieb passieren und mit Rahm, Zucker (nach Geschmack) und der geriebenen Zitronenschale verrühren. Auf jedes Rechteck etwas Fülle geben, den Teig der Länge nach falten und die Ränder festdrücken. Das restliche Eigelb verquirlen, die Buchteln damit bestreichen und im heißen Rohr backen.*
*Als warme Mahlzeit mit Kompott reichen.*

## Lecsó (Ungarischer Eintopf)

### Zutaten:

*1 kg grüne Paprikaschoten*
*1 kg Tomaten*
*1 Zwiebel*
*Salz*
*Fett*
*3 Eier oder: Debreziner oder: Frankfurter Würstchen*

### Zubereitung:

*Die Zwiebel in Kringel, die Paprikaschoten in Ringe und die Tomaten in Stücke schneiden. In einem großen Topf Fett erhitzen und die Zwiebel darin goldgelb dünsten. Die Paprikaschoten und Tomaten zugeben, leicht salzen (evtl. auch pfeffern) und solange dünsten, bis die Tomaten zerfallen sind. Zum Schluss die verquirlten Eier*

hineinschütten und das Gericht unter ständigem Rühren
solange auf dem Feuer halten, bis die Eier geronnen sind.
(Statt der Eier können auch in Scheiben geschnittene
Würstchen beigegeben werden.)

Zu diesem Eintopf deftiges Brot reichen.

# DAS TUT MAN NICHT!

**„Sie ist verdammt gut, diese Henne"**, durchzuckte es Hanna. „Spielt klasse, singt klasse, hat klasse Ideen und sieht auch noch klasse aus..." Versonnen betrachtete sie Henriettes verlängertes Rückenteil, das prall und rund, großstädtisch elegant mit roten Strähnchen eingefärbt, vor ihrem Schnabel herumwackelte.

„Braucht noch jemand Noten?", gackerte es von weiter vorn, wo sich Henriettes Kopf befand. Obwohl niemand antwortete, blieb sie gebückt und wühlte weiter in dem Stoß Blätter herum.

Die nougatbraune Hanna zählte die roten Strähnchen und kämpfte gegen das Verlangen an, in den dargebotenen Hühnerhintern zu picken. Nur´n bisschen. Einfach so. Weil diese Vollkommenheit kaum zu ertragen war.

Hanna widerstand der Versuchung. Bravo. Vor kurzem noch hätte sie zugehackt, mit der größten Freude. Weil sie damals noch ein alleinstehendes Individuum gewesen war. Ein egoistisches, egozentrisches und was-weiß-noch-istisches Hühnchen. Aber das war einmal. Heute war alles anders. Heute war Hanna Teil einer Einheit. Mitglied einer Gruppe. Ein HARMONIST. Heute zählte die Verhaltensregel: >Einer für alle, alle für einen<. Schluss mit den Einzelkämpferzeiten! Aus mit der Eifersucht! Vorbei mit dem Neid! Ende mit der Missgunst! Finis, wie der Franzose zu sagen pflegt. Aus und finis.

Die geläuterte Hanna zwang ihre Gedankengänge in neue Bahnen. Die mündeten allesamt in der Erkenntnis, dass es schon ganz in Ordnung war, wenn Polly-Henriette den Ton angab. In jeder Hinsicht. Sie war der Profi, sie wusste, wo´s langging. Sie hatte das Pianino. Sie hatte die Notenblätter.

Alles sprach für sie.

„Schlage vor, wir steigen mit >VERONIKA, DER LENZ IST DA< ein und proben dann ....." Henriette ließ den halbfertigen Satz in einem immensen Papiergeraschel untergehen. Ihre plustrige Kehrseite stieg vor Hanna auf wie der Sonnenball am Morgen, selbstverständlich, gigantisch und alles dominierend. Ein herausstehendes Federchen berührte Hannas Schnabel.

Sie öffnete ihn. Zwei Zentimeterchen weit.

„EIN FREUND, EIN GUTER FREUND! EIN FREUND, EIN GUTER FREUND, DAS IST DAS BESTE WAS ES GIBT AUF DER WELT! Lasset uns singen!", krächzte Hanna mit letzter Kraft. Dann klappte sie den Schnabel wieder zu, holte tief Luft und sang, sang, sang,sang,sang.

# Veronika, der Lenz ist da!

Mädchen lacht, Jüngling spricht:
„Fräulein, woll'n sie oder nicht?
Draußen ist Frühling!"

Der Poet Otto Licht,
hält es jetzt für seine Pflicht,
er schreibt dieses Gedicht:

**Veronika,**
**der Lenz ist da,**
**die Mädchen singen tralala.**
**Die ganze Welt ist wie verhext,**
**Veronika,**
**der Spargel wächst.**
**Veronika,**
**die Welt ist grün -**
**drum laß uns in die Wälder ziehn.**
**Sogar der Großpapa**
**sagt zu der Großmama:**
**„Veronika,**
**der Lenz ist da!"**

Der Herr Sohn, der Papa
schwärmen für Veronika.
Das macht der Frühling.

Jeder klopft heimlich an.
Jeder fragt sie: Wo und wann
komm ich endlich mal dran?

**Veronika - - -**
Der Gemahl sucht voll Schneid
Anschluß an die Stubenmaid.
Das macht der Frühling.

Seine Frau schickt er weg,
dann ruft er das Mädchen keck
und erklärt ihr den Zweck:

**Veronika - - -**

**Text: Fritz Rotter     Musik: Walter Jurmann**
**c 1930 by Wiener Bohème Verlag, Berlin-München**

# Ein Freund, ein guter Freund

Sonniger Tag! Wonniger Tag!
Klopfendes Herz und der Motor ein Schlag!
Lachen das Ziel! Lachen der Start
und eine herrliche Fahrt!
Rom und Madrid nehmen wir mit.
So ging das Leben im Taumel zu dritt!
Über das Meer, über das Land,
haben wir eines erkannt:

**Ein Freund, ein guter Freund,
das ist das Beste was es gibt auf der Welt.
Ein Freund, bleibt immer Freund,
und wenn die ganze Welt zusammenfällt.
Drum sei auch nie betrübt,
wenn dein Schatz dich nicht mehr liebt.
Ein Freund, ein guter Freund,
das ist der größte Schatz, den´s gibt.**

Sonnige Welt! Wonnige Welt!
Hast uns für immer zusammengesellt!
Liebe vergeht! Liebe verweht,
Freundschaft alleine besteht!
Ja man vergißt, wen man geküßt,
weil auch die Treue längst unmodern ist.
Ja man verließ manche Madam´,
wir aber halten zusamm´. **Ein Freund...**

**Text: Robert Gilbert    Musik: Werner R. Heymann
c 1930 by Ufaton-Verlagsgesellschaft mbH, Berlin-München**

# MARLENE MEINTE AUCH

**Das Repertoire stand.** Nun musste die Garderobenfrage geklärt werden. Wer sollte die Fräcke schneidern?

„Knize. Wenn jemand, dann nur Knize." Die nougatbraune Henne blickte triumphierend in die Runde. Und sie setzte noch eins drauf: „Marlene hat sich damals ihren Frack mit Weste auch bei ihm nähen lassen. Das hat, wie wir alle wissen, 1 A ausgesehen!"

Hilde nickte anerkennend: „Stimmt. Obwohl Knize ja eine Herrenschneider war ..."

„IST", korrigierte Hanna flink, bevor es jemand anderes tat. Das Vergnügen mit Bildung zu glänzen, ließ sie sich nicht nehmen, o nein. „Knize war und ist der renommierteste Herrenausstatter Wiens. Marlenchen, die ja ein recht anspruchsvolles Ding war, hat sogar behauptet, dass niemand sonst auf der Welt ordentliche Anzüge bauen könne." Sie krönte die autobiografisch fundierte Dietrich-Aussage mit einem Augenaufschlag, Marke Femme Fatale.

Hermine, das gesprenkelte Landei aus Oiestrichwinkel, ließ einen respektvollen Pfeifton hören. Sie entschied sich, es dabei zu belassen und nicht weiter nach diesem Fräulein Marlene und dem Herrn Knize zu fragen. Hanna konnte immer so von oben herab sein, wenn man mal Näheres wissen wollte. Hochgezogene Augenbrauen, mitleidiges Seufzen, Kindergärtnerinnenton. Da hatte Hermine keine Lust drauf, echt nich. Im Grunde waren die zwei Figuren auch überhaupt nicht wichtig, oder?! Es ging ja nur um die Kluft, um diese Fräcke. Über die wusste Hermine mittlerweile Bescheid, dem dicken Lexikon sei Dank! Also pfiff sie noch einmal: Pffftt-ffffffffttttt!!!"

Jetzt war Henriette an der Reihe sich zu äußern. Sie tat es auf die ihr eigene, dramaturgisch erprobte Weise. In einer Wort-Gestik-Mischung sagte sie „Kniiiiize, fantaaaaastisch. Aber wie ist es damit?" und rieb gleichzeitig Zeige- und Mittelfinger aneinander.

Ei verbipscht nochmal, die Finanzen!!!

Mangels Einnahmen war die Kasse der aufstrebenden Hühner-Vokalgruppe in einem desolaten Zustand. Eigentlich gab es sie gar nicht. Ein Umstand, der den Zustand noch desolater machte.

„Wir werden erst einmal in provisorischen Bühnenkostümen auftreten und uns dann von den Einnahmen die Fräcke kaufen", entschied Henriette. „Genau. So wird´s gemacht", fügte Hanna mit fester Vizepräsidentenstimme hinzu.

*Außer für Knize-Fräcke ist Wien auch noch für andere Herrlichkeiten berühmt. Einige davon sind sogar essbar. Dazu gehören ....*

## Wiener Schnitzel

### Zutaten:
4 Kalbsschnitzel
Salz, Pfeffer, Mehl
2 Eier
Semmelbrösel
4 Eßl. Öl
2 Teel. Butter
1 Zitrone

### Zubereitung:
*Schnitzel flach klopfen, mit wenig Salz und Pfeffer einreiben. Dann nacheinander in Mehl, verquirlten Eiern und Semmelbrösel (die sollten nicht zu fein sein) wenden und darauf achten, dass die Panade nicht zu feucht ist. In einer Pfanne erst das Öl erhitzen, dann die Butter zugeben und die Schnitzel hineinlegen. Dabei sofort die Oberseite mit heißem Fett begießen, damit sich die Fleischporen schließen. Bei mittlerer Hitze die Schnitzel von beiden Seiten etwa 4 Minuten braten. (Evtl. nach dem Braten auf Küchenpapier legen, um überschüssiges Fett zu entfernen.) Zitrone in Scheiben oder Schnitze schneiden und auf die Schnitzel verteilen.*

**Wiener Backhendl** *schmecken auch außerordentlich gut. Mit Rücksicht auf die Protagonisten des Buches soll dieses Gericht jedoch keinerlei Erwähnung finden.*
*Ohne moralisch-ästhetische Bedenken können dagegen empfohlen werden:*

**Wiener Mehlspeise**
**Zutaten:**
*4 Eigelb*
*1 Eßl. Mehl*
*1 Eßl. Zucker*
*abger. Schale 1 Zitrone*
*1 Päck. Vanillezucker*
*1/4 l süße Sahne*
*4 Eiweiß*
*1 Eßl. Butter*

**Zubereitung:**
*Backofen auf 180 Grad vorheizen. Eigelb mit Mehl und Zucker, Zitronenschale und Vanillezucker verrühren und die Sahne unter ständigem Schlagen mit dem Schneebesen dazugießen. Eiweiß zu steifem Schnee schlagen und vorsichtig unterheben. Butter in einer feuerfesten Glasform zerlassen, die Mehlspeise einfüllen und auf der Mittelschiene des Backofens 30-40 Minuten goldgelb backen.*
*Zu der Mehlspeise am besten Weinschaumtunke reichen.*

***Weinschaumtunke:*** *1/4 l Wein, 1/4 l Wasser, Saft 1/2 Zitrone, 2 Teel. Stärkemehl, 2-3 Eßl. Zucker und 2 ganze Eier in einem kleinen Topf mischen und in heißem Wasserbad abschlagen, bis die Tunke dicklich wird. Warm reichen.*

## Sachertorte
### Zutaten:
*150 g Kuvertüre-Schokolade*
*150 g Butter*
*150 g Zucker*
*6 Eigelb*
*6 Eiweiß*
*30 g Puderzucker*
*150 g Mehl*
*1 Teel. Backpulver*
*zum Bestreichen: 2-3 Eßl. Aprikosenmarmelade*
*für den Guß: 150 g Kuvertüre-Schokolade*

### Zubereitung:
*Schokolade grob raspeln und im Wasserbad zum Schmelzen bringen. Leicht abgekühlt mit der Butter verrühren und nach und nach den Zucker und die Eigelb unterrühren, bis die Masse schaumig wird. Eiweiß steif schlagen, Puderzucker unterschlagen und auf die Schaummasse geben. Mehl und Backpulver darübersieben und alles vorsichtig mischen. Den Teig in eine nur am Boden gefettete Springform füllen und im vorgeheizten Ofen bei guter Mittelhitze etwa 45 Minuten backen. - Torte auskühlen lassen, oben (das ist original Sacher!) dünn mit der glattgerührten Marmelade bestreichen und mit flüssiger Kuvertüre-Schokolade überziehen.*

*Dazu: Schlagobers (= Schlagsahne).*

# EI-EI-EINTRITT

**Die Scheune war** bis zum letzten Platz oben im Heuboden besetzt. Vielleicht, weil das handgekrakelte Werbeplakat, das Hilde in aller Eile am Scheunentor befestigt hatte, die Neugier der Landbevölkerung geweckt hatte. Vielleicht aber auch, weil Hanna jedem der sich dem Aufführungsort bis auf 30 Meter näherte, ein frisches Ei in Aussicht stellte. Für den Fall, dass er pünktlich und möglichst gewaschen um 20 Uhr erschien und eine Eintrittskarte löste.

Welch sensationeller Werbetrick!

Zugegeben, bei dem einen oder anderen schlichten Gemüt führte diese geniale Gratis-Zugabe zu Missverständnissen. Ein Herr, beispielsweise, war geradezu versessen drauf, ein Ei zu bezahlen, weigerte sich indes hartnäckig, der konzertanten Aufführung beizuwohnen. Eine Dame wiederum feilschte den Eier-Eintrittspreis auf 2 1/2 Kreuzer herunter, erschien dann mit einem geräumigen Einkaufskorb, kaufte 55 Karten inklusive 55 Gratis-Eiern und verschwand eiligst. Sie ward genau so wenig wiedergesehen wie der junge Mann mit dem wirren Blick und der ordentlichen Pferdeschwanzfrisur. Der war erst bereit, eine Karte käuflich zu erwerben, nachdem Hanna ein Ei probeweise aufgeschlagen hatte.

„In Ordnung, das Ei ist roh. Mein Papagei frisst keine harten Eier, müssen Sie wissen. Na, dann können Sie mir mal ein Ei in so´n Papierchen da einwickeln, Frollein.“

„In die, äh, Eintrittskarte? Aber ...“

„Ja, ja, schon recht“, beruhigte der Schwänzchenträger die leicht irritierte Henne und schwirrte ab.

Alles in allem war die Aktion ein Erfolg: alle Eiervorräte weg, alle Karten verkauft!
WAS SOLLTE DA NOCH SCHIEFGEHEN?

Nichts.

Dicht gedrängt und hibbelig wie ein Haufen Zitteraale standen Hanna, Hermine, Hilde und Henriette hinter dem mit Wäscheklammern angebrachten Bettlakenbühnenvorhang. Sie zupften sich gegenseitig noch ein wenig an den Kostümen aus Krepppapier, Blütenstängeln, Zweigen und Blättern herum. >Frühlingskostüme< nannte Henriette sie. Die passten ihrer Ansicht nach ganz hervorragend zu den Liedern, in denen von Natur und Sonnenschein die Rede war.

Jetzt schien Henriette nicht mehr so begeistert vom Frühlings-Outfit. „Wir nehmen die Zweige hinter den Ohren weg", ordnete sie an. „Dafür setzen wir die Hüte auf, die ich eben noch gefaltet habe. So´n Glück aber auch, dass ich die alten Zeitungen gefunden habe."

„Mit Hut ist man irgendwie angezogener", bemerkte Hanna, „und seriöser."

Das von Beginn an wenig disziplinierte Publikum wurde immer lauter. Als die ersten mitgebrachten Kleinkinder auf die Bühne krabbelten, um am Vorhang zu reißen, gab Henriette das Startzeichen. „Los, raus Mädels! Die Sabbergören klauen uns sonst noch die ganze Show!"

71

# Mein Papagei frißt keine harten Eier

Ärger wird es immer geben,
Ärger schafft das liebe Leben,
mich macht toll mein Papagei!
Was er frißt ist zu bewundern:
Hundekuchen, fette Flundern,
aber nur kein hartes Ei!

Täglich seh ich wütend mir den Vogel an,
weil ich dieses einfach nicht begreifen kann:

**Mein Papagei frißt keine harten Eier,**
**er ist ein selten dummes Vieh!**
**Er ist der schönste aller Papageier,**
**nur harte Eier, die frißt er nie!**

**Er ist ganz wild nach Brustbonbons und Kuchen,**
**er nimmt selbst Kaviar und auch Sellerie.**
**Auch saure Gurken sah ich ihn versuchen,**
**nur harte Eier frißt der nie!**

Alles, was ich nur kann machen:
Köpfchen kraulen, pfeifen, lachen,
hab ich mit ihm angestellt!
„Coco", fleh ich, „nimm doch Eichen!"
Coco läßt sich nicht erweichen,
weil er an Prinzipien hält.
Gestern schleppt ich ihn zum Tierarzt Doktor Stein.
„Nun, was fehlt ihm?" frug er, ich fing an zu schrein:

**Mein Papagei frißt keine harten Eier ---**


Doktor Stein sprach: „Nur nicht grämen,
harte Eier muß er nehmen,
fort mit all dem andern Quark!
Coco werden wir's beweisen:
Harte Eier muß er speisen,
harte Eier machen stark!"

Mit gesträubten Haaren sprach ich zu dem Mann:
„Lieber Doktor, fangen Sie nicht wieder an!"

**Mein Papagei frißt keine harten Eier ---**


**Text: Hermann Frey    Musik: Walter Kollo**
**c 1928 by Wiener Bohème Verlag, Berlin-München**

# KASSENSTURZ

**Der Abend war** in gewisser Weise ein voller Erfolg gewesen. Die Kasse war bis zum Rand mit Kreuzern und Talern gefüllt, womit dem Erwerb von bühnenwirksamen Fräcken nichts mehr im Wege stand.

In einer anderen gewissen Weise aber auch nicht.

Oder hatten die **Comedian Harmonists** ebenfalls gegen mitkrächzende und mitschunkelnde Reihen anzusingen gehabt? Konnte man den Ruf >Olé, Olé-Olé!< tatsächlich als Anfeuerung verstehen? Und: War es wirklich Usus, während der Vorstellung Stullen auszupacken, Erbsensuppe aus Henkelmännern zu verteilen und kalte Koteletts zu verzehren?

Sie hatten keine Ahnung.

„Das ist urige Landbevölkerung", beruhigte Henriette schließlich sich und die anderen drei. „Die Leute haben noch ein ganz unverdorbenes, sinnliches Verhältnis zur Kultur."

„Und deshalb rascheln und rülpsen und mampfen die?"

„Genau."

Hermine verstand und strahlte erleichtert. Aber eine Frage quälte sie noch: „Und der Blumenkohl am Schluss? Kam der auf die Bühne geflogen, damit wir auch was zum Essen haben?"

Die Antwort aus Henriettes Schnabel war weit mehr als erleichternd. Sie war beglückend: „Diese einfachen, herzlichen Leute mit ihrem Sinn fürs Praktische haben den

Blumenkohl anstelle von Blumen geworfen. Das versteht sich doch wohl von selbst."
Hermine strahlte wie ein Honigkuchenpferd vom Weihnachtsmarkt. Hilde auch. Und Hanna nicht minder.
„Blumengaben waren das", rang sogar Henriette sich ein Strahlelächeln ab, „wenn auch von klobiger und wenig duftender Natur. Wir sollten uns darüber freuen. Sie zeigen mit schöner Deutlichkeit, dass die HAPPY-HUHN-HARMONISTS ihr Publikum angerührt und sowohl emotional als auch physisch bewegt haben."
Hanna machte sich daran, die aufbauende Aussage zu verstärken und gezielt in eine Richtung zu führen: „Wir haben allen Grund stolz zu sein!", brüllte sie. „Und wir haben allen Grund zu feiern!" Suchend schwenkte sie das nougatbraune Köpfchen im Kreis herum. „Wir brauchen dringend irgendetwas, was wir austrinken können!"

Kreative Vorschläge von allen Seiten:
„Kirschlikör!"
„Eierflip!"
„Chateaux-Neuf-Du-Pape!"
„Kröver Nacktarsch!"
„Planter's Punch!"
„Holunder Grog!"

Die ganze Hühner-Truppe kam richtig in Schwung. Polly-Pick-Pick, alias Henriette, schlug ein paar Takte auf dem kleinen Piano an. EINZUG DER GLADIATOREN, oder so ähnlich. „Ko-los-sal gu-ter Vor-schlag", intonierte sie dazu und dichtete weiter: **„O Hühnerfrauen, lasst uns was Heißes brauen! Das macht Mut und tut gut, und hinüber ist der Hut!"**

## Holunder-Grog
### Zutaten für 2 Gläser:
*300 ml Holunderbeersaft, 2 Eßl. Zitronensaft, 1 Eßl. Zucker, 4 cl brauner Rum, Orangenschale*

### Zubereitung:
*Holunderbeersaft mit Zitronensaft und Zucker erhitzen. Rum untermischen und auf zwei hitzefeste Gläser verteilen. Mit Orangenschale dekorieren.*

## Orangen-Punsch
### Zutaten für 4 Gläser:
*3/4 l Rotwein, 4 Stücke Sternanis, 80 g brauner Kandis, Saft von 2 Orangen, 4 cl Orangenlikör*

### Zubereitung:
*Rotwein mit Sternanis und Kandis langsam erhitzen (aber nicht zum Kochen bringen!), bis der Kandis sich aufgelöst hat. Den gewürzten Wein mit Orangensaft und Orangenlikör mischen und auf vier Gläser verteilen. Servieren, solange er noch schön warm ist.*

## Weißwein-Punsch
### Zutaten für 1 Glas:
*1/4 l Weißwein, 1 cl Sherrry, 1 Eßl. Zitronensaft, 1 Stück brauner Würfelzucker, 2 cl Rum*

***Zubereitung:***

*Weißwein, Sherry und Zitronensaft erhitzen und in ein entsprechend großes Glas gießen. Den Würfelzucker auf einen Teelöffel legen, mit Rum beträufeln, anzünden, ausbrennen lassen und in den Punsch geben. Heiß trinken.*

## *ALKOHOLISIERTE WEISHEITEN:*

. *Iss niemals was auf trockenen Magen!*
  *(Altes irisches Sprichwort)*

. *Unmäßiges Trinken - das Opfer für die Kunst.*
  *(Spruch aus Künstlerkreisen)*

. *Lirum-Larum-Löffelstiel, wer viel trinkt, der pinkelt viel. (Kinderreim, unartig)*

. *Der schlimmste Feind des Alkohols ist der Mensch.*
  *(Allgemein anerkannte Tatsache)*

. *Der Klügere kippt nach.*
  *(Volksmund)*

# BERLIN RUFT!

**Das Cabrio fuhr erst vorbei**, setzte dann aber wieder zurück. Mit quietschenden Reifen blieb es am Weg neben dem niedergebrannten Bühnenkostüm-Zeitungshut-Scheiterhaufen stehen, direkt vor Hilde.

„Bin beeindruckt. Hat was, Ihre Singerei. Geht ins Ohr und von da sofort in die rechte Herzkammer....“ Der Mann hinterm Cabriosteuer genoss die originelle Redewendung, die er seiner Ansicht nach eben kreiert hatte, bevor er weitersprach: „Die Nummer könnt´ ich mir gut in meiner Show vorstellen. Melden Sie sich doch mal. Hier, meine Karte.“

Er streckte der reichlich angesäuselten Hilde ein Fitzelchen hin, feinstes Bütten mit Golddruck. Hildchen startete mehrere Versuche, bevor es ihr endlich gelang, die mittlere der drei Karten zu packen. „Sch-sch-schön´ Dang auch, der Hä-härr!“

Der Hä-härr startete und legte den Gang ein. „Wie heißt denn Ihre Gruppe?“, informierte er sich noch im Anfahren.

**„Häpp-hick-i-hi Huhu-hick-un-un Hahaha-ohr-iii-mist. Sss-hicks-hoppla“**, gab die Hilde wahrheitsgemäß Auskunft.

Verdammt komische Namen haben die Gruppen heutzutage, dachte der Cabrioherr, schaltete einen Gang höher und rief: „Originell, sehr originell!“
Noch ein Mal Hupen und weg war er.

Die Sonne färbte sich bereits vom hellen Mittagsgelb zum sanften Abendrot, als die Hühnertruppe wieder hellwach und einsatzfähig war. Sie saßen im Kreis und ließen die Golddruckkarte herumgehen. Immer wieder. Weil's so erhebend war zu lesen:

Erich Schrapnell
Generalintendant
Mittelgroßes Schauspielhaus
Berlin

Natürlich würden sie hinfliegen. Umgehend. Nachdem sie sich profimäßig ausstaffiert hatten, mit Frack, Weste, Fliege, Lackschuhen und allem Pipapo.

Die Sache pressierte.

Wie der Zufall und das Glück es wollten, hatte Hanna eine Schwägerin, die wiederum mit einer Nachbarin befreundet war, deren Schwippschwager eine Schneiderin zur Tante hatte. >Gediegene Qualität zu gemäßigten Preisen< war ihre Devise. Damit lag sie genau im Trend und im Budget-Rahmen der aufstrebenden Künstlerinnen.

Frau Cäcilie Zwickel bekam den Auftrag nebst einer Vorauszahlung und undatierten Freikarten fürs nächste Konzert.

Pech für den Herrn Knize, wirklich Pech.

# HÜHNER- UND KATERFRÜHSTÜCK:

## 1) Prairie Oyster
**Zutaten:**
*2 Eßl. Tomatenketchup, 1 Eigelb, Olivenöl, Salz, Pfeffer,
Tabasco, Worcestersauce, Lemon Juice*

**Zubereitung:**
*Kleine Cocktailschale mit Olivenöl ausschwenken, Ketchup
hineingeben, das Eidotter vorsichtig unterheben und ganz
nach Geschmack mit den restlichen Zutaten würzen. - Dazu
ein Glas Eiswasser servieren.*

## 2) Virgin Mary
**Zutaten:**
*12 cl Tomato Juice, 2 cl Lemon Juice, Salz, Pfeffer,
Selleriesalz, Tabasco, Worcestersauce*

**Zubereitung:**
*Tomato Juice nach Belieben mit den Gewürz-Zutaten
abschmecken. - Kann im Glas gerührt oder aber im Shaker
auf Eis geschüttelt werden.*

# SPIEGLEIN, SPIEGLEIN IN DEM TEICH

**1. Anprobe bei Frau Zwickel:**
Hier ein Abnäherchen, dort etwas mehr Saum und generell a bisserl weiter. Soll ja nicht kneifen unter den Armen, wenn die Künstler zu weiten Gesten ausholen.

**2. Anprobe bei Frau Zwickel:**
Sitzt, passt und hat Luft!!! Die frischgebauten Stücke müssen nur noch gedämpft und gebügelt werden.

**3. und letzte Anprobe bei Frau Zwickel:**
Die HAPPY-HUHN-HARMONISTS sind mit Zellophan-umhängten Bügeln angerückt, um ihre Fräcke abzuholen. Die künftigen Weltstars lassen sich nicht lumpen und überreichen der Schneiderin Cäcilie Zwickel den großzügig aufgerundeten Rest der vereinbarten Summe. Anschließend frequentieren sie das Schuhparadies Drückeberger & Co. zwecks Erwerbs von vier Paar Lackschuhen. Danach müssen sie feststellen, dass sie pleite sind.

„Reicht nich mehr für Koffer", stellte Hermine fest.

„Müssen wir jetzt zu Hause bleiben? Is jetzt nix mit Berlin?"

„Quark. Natürlich fliegen wir. Wenn wir die Fräcke und das ganze Drumunddran gleich anziehen, brauchen wir keine Koffer. Das ist doch wohl mal glasklar!" Henriette tätschelte der Sangesschwester beruhigend das Rückengefieder. Gleich darauf gab sie das Kommando:
„Auf auf Mädels, wir schmeißen uns in unsere Bühnenkluft!"

Am Teich gleich hinterm Apfelbaum richteten sie die Freiluft-Garderobe ein. Sämtliche Wetterheilige waren auf ihrer Seite und ließen kein Lüftchen zu, um ja nicht die Wasseroberfläche zu kräuseln. Fein und glatt lag sie da, wie ein gigantischer Spiegel, und wartete nur darauf, die dargebotenen Bilder zurückzuwerfen.

Schweigend standen sie am Ufer, eng beieinander, jede den Arm um die Schulter der anderen gelegt.

Es war ein großer Moment.

Das spürten alle. Sogar die Vöglein in der Luft und die Fischlein im Teich. „Wetten dass die's schaffen?", blubberte ein Stichling dem Kollegen ins Ohrloch. „Da wett' ich nicht drauf, das ist zu offensichtlich", gab der zurück. „Die bringen's voll."

Wie Recht er doch hatte, der feuchte Kamerad.

Die Stichlinge, die diese nette Unterhaltung führten, merkten gar nicht, was für ein unverschämtes Glück sie hatten. Wären sie nur ein Stückchen weiter links herumgeschwommen, wie sie es eigentlich vorhatten, bevor sie vom Geschehen am Teichrand abgelenkt wurden, dann wären sie mit an 100 % grenzender Wahrscheinlichkeit im Netz eines Fischers gelandet.

So wie diese bedauernswerten Flossenträger hier .....


## *Rotbarschfilet mit Frühlingszwiebeln*
### *Zutaten:*
*250 g Rotbarschfilet*
*Zitronensaft*
*1 Bund Frühlingszwiebeln*
*3 kleine Tomaten*
*2 Teel. Butter*
*Salz, Pfeffer*
*10 g Mehl*
*100 ml Weißwein*
*60 g Crème fraiche*

### *Zubereitung:*
*Fischfilet kurz mit kaltem Wasser abspülen, abtupfen und mit Zitronensaft beträufeln. Zwiebeln klein schneiden, Tomaten in Scheiben schneiden. Die Zwiebeln in Butter anbraten, Tomatenscheiben hinzufügen und würzen. Mehl darüber stäuben und kurz anschwitzen. Wein und Crème fraiche dazu geben. Den gesalzenen und leicht gepfefferten Fisch obenauf legen und bei schwacher Hitze zugedeckt etwa 14 Minuten ziehen lassen.*

## Steinbeisser mit Kirschtomaten
### Zutaten:
4 Scheiben Steinbeisser-Koteletts
(etwa 600 g)
Salz, Pfeffer aus der Mühle
etwas Mehl
30 g Butterschmalz
250 g Kirschtomaten
20 g Butter
1/2 Teel. Zucker
Basilikum (Blätter)

### Zubereitung:
Den Fisch abspülen, trocken tupfen, salzen, pfeffern und in
Mehl wenden. In heißem Butterschmalz von jeder Seite drei
Minuten goldbraun braten. Daneben in einer Pfanne die
Kirschtomaten in heißer Butter bei kräftiger Hitze ebenfalls
etwa drei Minuten braten, mit Zucker bestreuen, leicht
salzen und pfeffern. Tomaten in der Pfanne schwenken, bis
sie glänzen. Fisch mit Tomaten auf Tellern anrichten und mit
Basilikumblättern garniere.

## Karpfen nach Balkanart
### Zutaten:
1 1/2 kg Karpfen
Räucherspeck
Butter
1 kg Kartoffeln
3 Tassen saurer Rahm
Mehl, Paprika
Salz, Pfeffer

### *Zubereitung:*

*Den Karpfen putzen, waschen, der Länge nach aufschlitzen, salzen (evtl. leicht pfeffern) und mehrmals einschneiden. In jeden Einschnitt ein Stück Butter und einen Streifen Räucherspeck geben. Den Karpfen in einen Topf legen und diesen auf den Rost (vorgeheizter Ofen, mittlere Hitze) stellen. Einen zweiten Topf mit Butter einfetten, die in Scheiben geschnittenen, gesalzenen Kartoffeln hineingeben und unter den Rost schieben.*

*Den leicht angebratenen Fisch mit Mehl und Paprika bestäuben und, wenn er zu bräunen beginnt, immer wieder mit Rahm begießen.*

# KNORKE EMPFANG

**Der Flug verlief** insgesamt ruhig. Wenn man von den Pöbeleien der Krähen-Gang absah, die kurz vor Magdeburg auftauchte und sie bis Berlin unerwünschterweise eskortierte, war die Luftreise sogar angenehm. Sie blies frischen Wind ins Gefieder, regte den Kreislauf an und lüftete die Hirnkammern durch. All die verstaubten, vermieften, kleinbürgerlichen Spießergedanken wirbelten zum letzten Mal auf, um sich dann für immer in der Erdatmosphäre zu verflüchtigen.

Henriette, Hanna, Hermine und Hilde fühlten sich wie frisch geschlüpft. Sie waren zu neuen Hühnern geworden. Zu freien, glücklichen Hühnern.
Zu den HAPPY-HUHN-HARMONISTS.


Berlin empfing sie, wie nur eine Weltmetropole einen empfangen kann: Es nahm nicht die geringste Notiz von ihnen. Warum auch??? Die ganze Stadt brodelte und wuselte und blubberte und kochte wie ein überdimensionaler Heißlufttopf. Einer von der Sorte, wie man sie bei Kaffeefahrten Hausfrauen und Rentnern andreht. Mit vielerlei Kochbratdämpfeinsätzen, die jeden Schrank verstopften und nie benutzt wurden. - Berlin. Eine gigantische Angelegenheit, aber hallo.

Und so laut!

Die lärmungewohnten Hennen zogen ihre Zylinder weit über die Ohren, um einen gewissen Schallschutz zu erreichen.

Und der Dreck!

Und weit und breit kein Apfelbaum!
Es war ....
„Grandios", flüsterte Hilde.
„Saustark", kommentierte Hermine.
„Phänomenal", urteilte Henriette.
„Knorke, einfach knorke", steuerte Hanna bei.

„Knorke? Was´n das?", kam es - wie erhofft und erwartet - als Chorgesang zurück.

Hanna nahm eine betont lässige Position ein, einen Fuß vor und die Hände in den Taschen. Exakt wie Humphrey Bogart einst in Rick´s Café, als ....... na, egal, jedenfalls stand sie megacool da. Schade, dass sie keine Kippe im Schnabel kleben hatte. Da hätte das Aus-Dem-Mundwinkel-Schnarren noch bogymäßiger geklungen: „Knorke ist ein typisch Berliner Ausdruck für gut, prima, klasse und ähnlich." Und dann, mit hochgezogener Augenbraue und hervorragend gespieltem Erstaunen: „Wusstet ihr das wirklich nicht?! Sowas weiss man doch!"

Henriette, das abgebrühte Zirkushuhn, zerstörte den Moment der weihevollen Andacht und wurde pragmatisch. „Find´ ich gut, Hanna, dass du berlinern kannst. Schlage vor, dass du den Kontakt zu den Einheimischen aufnimmst und sie nach dem Weg fragst."

„Äh, ja doch, gern ...." Die nougatbraune Henne hielt nach einem möglichen Informanten Ausschau. Einem, der nicht so glatzköpfig und metallverziert war wie der Bursche da drüben. Auch die überkandidelte in Parfum gebadete Schickse hier kam nicht in Frage. Der sah man die Arroganz schon auf zehn Meter Entfernung an, mindestens. - Aber der

ältere Herr mit Einkaufstasche schien genau der Richtige für eine seriöse Auskunft zu sein. Hanna schoss vor:
„Mein Herr, ich fände es echt knorke, wenn Sie mir sagen würden, wie ich am schnellsten zum >Mittelgroßen Schauspielhaus< komme!"

Der Angesprochene hob die Einkaufstasche, die ihm vor Schreck entglitten war, wieder auf. Dann musterte er Hanna mit flinken Augen. Wie ein Pistolenschuss, paff-paff, kam seine Antwort:
„Am schnellsten geht's, Kleene, wenn´de immer fleißig üben tust."

Schon war er davon gewatschelt, der echte Berliner.

# Das ist Berlin
## (Marschfoxtrott)

Heut´woll´n wir mal durch die Hauptstadt bummeln geh´n,
heut woll´n wir mal nach den jungen Linden seh´n!
Dem neuen "Alex" sei ein froher Gruß gebracht,
hier hält die alte Berolina treue Wacht.
Wie geht es dir, lieber guter Bahnhof Zoo?
Mich stimmt ein Blick zur Gedächtniskirche froh,
und mit der Wache im gleichen Schritt
marschier´ich auch ein Stückchen mit!

**Das ist Berlin, Berlin,**
**die ewig junge Stadt,**
**das ist Berlin, Berlin,**
**die Stadt, die meine Liebe hat!**
**Genau im Mittelpunkt der Welt**
**hat sie der Herrgott hingestellt!**
**Du mein Berlin, Berlin,**
**du Perle an der Spree,**
**wer dich erst kennt, Berlin,**
**der sagt dir nie „Adieu!"**
**Denn deinem Zauber kann man**
**niemals mehr entflieh´n,**
**du mein Berlin, Berlin, Berlin!**

Text: Hans Hannes/Bruno Balz        Musik: Leo Leux/Matthias Perl,
copyright by Beboton-Verlag GmbH, Berlin-Hamburg

# ALLES STILECHT

**Es stellte sich heraus**, dass nur einer von zehn passierenden Berlinern bereit war, auf einen lahmen Scherz auf Kosten eines Touristen zu verzichten. Und das auch nur, weil er in Eile war. Er kam geradewegs aus dem KaDeWe gedüst, beide Hände auf die flaschenförmige Ausbeulung seiner Jacke gepresst. Die wild gestikulierende Verkäuferin hinter sich ignorierte der Typ. Er war der Hanna auf Anhieb sympathisch. Weil die Hanna auch was gegen zu aufdringliches Verkaufspersonal hatte. Und siehe da, der kultivierte charmante junge Mann sagte ihr tatsächlich, wo´s langging:
„Wenn´de imma jeradeaus loofst, knallste mit´m Kopp direktemang dajejen."

Na bitte, warum nicht gleich so?!

Das >Mittelgroße Schauspielhaus Berlin< entpuppte sich als mittelgroßer Betonklotz mit Schnörkeln dran und einem von abstrahierten Lilien eingefassten Portal. „Jugendstil", klärte Hilde ohne Aufforderung auf. Und als sie reingingen und nach rechts und links guckten, weiter: „Chippendale, Spätes Rokoko, Gelsenkirchener Barock, Bauhaus, Imitierter Tudor, Klassizismus, Junger Sozialismus, Neuer Subventionismus, Alt-Gotik, Manierismus ..."

„Schnauze!", unterbrach Henriette - rauh aber herzlich - den Redefluß. Da standen sie direkt vor der Tür mit dem Schild >GENERALINTENDANZ ERICH SCHRAPNELL<. Eine Sekretärin, die garantiert mal die Miss-Germany-Schärpe getragen hatte, empfing sie, ohne auch nur von ihrem Schreibtisch aufzublicken. Wer nur einen Funken Ahnung von den manigfaltigen Schwierigkeiten der Fingernagelpflege hatte, musste dafür Verständnis aufbringen. Hochkonzentriert verteilte sie den Lack auf dem letzten Finger, wobei sie die bereits lackierten neun weit abgespreizt hielt. Dass sie dabei noch sprechen konnte, war durchaus beachtlich: „Wenn Sie keinen Termin haben, müssen Sie warten."

Die Hühner marschierten brav zur Tür zurück, um draußen auf der Stuhlreihe Platz zu nehmen. „Macht doch nix", meinte Hermine gelassen. „Ich kann euch ein paar Tricks zeigen, mit Streichhölzern und so, dann wird es uns nicht langweilig."

„Ich kenn ein paar scharfe Witze", tönte Hildchen.

„Quatsch-Quatsch-Quatsch, das haben wir nicht nötig!" Die rot gesträhnte Chefin der Truppe griff in die Westentasche und zog die Visitenkarte hervor. Sie posierte sie in einem Abstand von 1,5 Zentimetern vor den blau getuschten Sekretärinnenaugen.
„Hier, bitte. Herr Schrapnell lässt ausrichten, dass er jederzeit für uns zu sprechen ist. Ich wiederhole: Je - der - zeit."

# TAUFE UNTER
# HAVANNAKRINGELN

**Ohne sein Cabrio** sah Herr Schrapnell nur halb so sportlich aus.

Eigentlich hat er Ähnlichkeit mit einer Dampfwalze, ging es der Hilde durch den Kopf, die immerhin noch verschwommene Erinnerungen an ihre erste Begegnung hatte. Die Dampfwalze dampft sogar, stellte sie fest, als Erich Schrapnell seine Zigarre anbiss und entzündete. Man sah ihm an, dass er nicht viel Übung darin hatte, denn das dicke braune Tabakröllchen wollte und wollte nicht brennen.

Der Generalintendant zog, sog und nuckelte, bis sein kantiger Kopf rot anlief. Mehr als Entschuldigung denn als Erklärung sagte er zwischendrin: „Mist, elender. Bin erst vor einer Woche von Zigaretten auf Zigarren umgestiegen. Soll ja tatsächlich gesünder sein. Hat aber Tücken, das Ganze."

Die Hühnertruppe zeigte Verständnis und verhielt sich ruhig. Endlich glomm das Ding, das teuer aussah und teuer roch und bestimmt eine Havanna war, auf. Mit seligem Gesichtsausdruck ließ Herr Schrapnell sich in seinen lederbezogenen Designer-Chefsessel zurückfallen. Während er ein paar kleine Rauchwölkchen aufsteigen ließ, musterte er die Viererugruppe vor sich. Mit Wohlwollen.

„Kann 'ne schnuckelige Einlage vor der Pause werden, eure Nummer. Habe ein phänomenales Ohr, müsst ihr wissen. Euer Gesinge versetzt einen in eine höchst angenehme Stimmung. Weg mit der Aggression, her mit Harmonie und Freude! Genau das brauchen die Leute in diesen harten Zeiten."

Seine dunkelgrauen Spülwasseraugen tasteten die befrackten Hühnerleiber ab, von den Lackschuhen bis zu den Zylindern. Sie waren allesamt gerundet, wohl gepolstert, üppig gefüllt.

Ihr äußeres Erscheinungsbild war identisch mit der Art ihres künstlerischen Vortrags: Schmusig-Weiches, flankiert von Eleganz, Witz und einer Prise Selbstironie.

„Ihr seid eine klasse Truppe", brummte die Dampfwalze, „und wenn ihr in der Show gut ankommt, bringe ich euch groß raus. Ganz, ganz groß."

Hilde, Henriette, Hermine und Hanna warfen ihre Zylinder in die Luft und juchzten. Doch das „Halt!!! Da ist noch was!" brachte sie unverzüglich zum Stoppen. Besorgt drehten sie dem Herrn Intendanten die Hühnerköpfe zu: „Jaaa???"

„Dieser Name ... wie war der gleich nochmal ...... **Häppick-Ihi-Huhick-Ohr-Mist** oder so, der funktioniert nicht. Viel zu kompliziert. Da muss was Griffiges her, was leicht über die Zunge geht und trotzdem internationales Flair hat. Hmmhmm. Wartet mal, Mädels, ich hab´s gleich ...."

Während die vier Hennen verständnislos glotzten, pustete die Generaldampfwalze einen eirigen Kringel vor sich her. Der stieg langsam auf, immer höher. Als er endlich einem Heiligenschein gleich über dem Kastenkopf schwebte, öffnete Erich Schrapnell erneut seinen Mund. Er entließ daraus diesen bedeutungsschweren Satz:
„HAPPY-HUHN-HARMONISTS müsst ihr heißen, das ist es! Also, merkt es euch für alle Zeiten: IHR SEID DIE HAPPY-HUHN-HARMONISTS!"

# Deckblatt + Umblatt + Einlage = Zigarre

*Das Gesamtkunstwerk Zigarre besteht aus Deckblatt (= das Außenblatt, das um das Umblatt gewickelt wird und das feinste Blatt bei jeder Zigarre ist), Umblatt (= Tabakblatt, das um die Einlage gewickelt wird und das Innere der Zigarre zusammenhält) und Einlage (= Tabakmischung in der Mitte der Zigarre). Kenner wissen, dass der Geschmack einer Zigarre stark von der Qualität des Deckblatts abhängig ist. Dennoch steckt der größte Teil des Geschmacks-Charakters in der Einlage, die wiederum vom Herkunftsland des Tabaks abhängig ist.*

*Die wichtigsten Länder für die Produktion herausragender Tabake und Zigarren sind Kuba, die Dominikanische Republik, Honduras, Jamaika, Brasilien, Sumatra, die Philippinen, die Kanarischen Inseln, Kamerun, Ecuador, Mexiko, Nicaragua, die Niederlande und die Vereinigten Staaten, wo Connecticut Shade, ein besonders feines Deckblattt, angepflanzt wird.*

*Hier eine Auflistung von einzelnen Orten und ihrem verdienstvollen Beitrag zum Zigarren-Rauchgenuss:*

**Dominikanische Republik.** *Diese Zigarren sind mild mit einem süßen, nußartigen Geschmack. Erd- und Blütentöne sind häufig.*

**Honduras.** *Die Zigarren sind robuster und würziger als die aus der Dominikanischen Republik. Der Tabak ist fast so kräftig wie der kubanische.*

*Havanna.* Havanna-Zigarren gelten als die besten der Welt. Sie sind von mittlerem bis vollem Geschmack und haben Erd-, Kaffee- und Honigtöne. *Havanna-Tabak findet sich auch in den Einlage-Mischungen der >trockenen< Zigarren.*

*Jamaika.* Jamaikanische Zigarren, deren berühmteste die Macanudo ist, sind milder als dominikanische Zigarren.

*Nicaragua.* Nicaraguanische Zigarren, die immer besser werden, sind mittelsüß, vollmundig und aromatisch.

*Ecuador.* Zigarren aus Ecuador sind mild und aromatisch.

*Kamerun.* Von hier stammt ein Deckblatt - keine Zigarre - mit einem würzigen Geschmack und scharfem Aroma.

*Sumatra.* Von hier stammt ein Tabak - keine Zigarre. Er ist recht mild, aber dennoch würzig.

*Mexiko.* Produziert weiterhin Premium-Zigarren, allerdings mit einem nicht vorhersagbaren Spektrum von mild bis schwer.

*Brasilien.* Tabak und Zigarren aus Brasilien sind dunkel, schwer und weich mit einem leicht süßlichen Geschmack.

# ZITATE AUS (ZIGARREN)RAUCHERMUND:

---

. *Die Zigarre ist die perfekte Ergänzung eines eleganten Lebensstils.*
George Sand

. *Bitten Sie mich nicht, den Charme der Träumerei zu beschreiben oder die besinnliche Ekstase, in die uns der Rauch unserer Zigarren eintreten lässt.*
Jules Sandeau (Franz. Romancier)

. *Ich habe es mir zur Regel gemacht, nie mehr als eine Zigarre gleichzeitig zu rauchen.*
Mark Twain (an seinem 70. Geburtstag, als ihm empfohlen wurde, das Zigarrenrauchen einzuschränken.)

. *Was dieses Land braucht, ist eine gute Zigarre für fünf Cents.*
Thomas Marshall (US-Vizepräsident, 1919)

. *Erhabener Tabak! Er heitert von Osten nach Westen die Arbeit des Matrosen oder die Ruhe des Türken auf.*
Lord Byron

. *Zu wissen, wie man raucht, ist die Wiederentdeckung bestimmter vergessener Rhythmen, um die Kommunikation mit dem Ich wieder herzustellen.*
Zino Davidoff

# LAMPENFIEBER

**Sie wurden flink** noch ins Programmheft aufgenommen, zwischen BALLETT und PAUSE. Da stand es nun und ließ sich nicht mehr wegdiskutieren:

**Nummer 8 : DIE HAPPY-HUHN-HARMONISTS**
**Vokalensemble**

Dieser Schwarz-Weiß-Druck sowie die Tatsache, dass sie von Herrn Schrapnell einen Vorschuss in Empfang genommen hatten, bedeutete, dass sie auftreten m u s s t e n . Fatalerweise. Denn je näher der Termin rückte, desto verzagter wurden sie. Alle Selbstsicherheit, alles Siegesbewußtsein schmolz dahin wie Vanilleeis in der Backröhre.
Lampenfieber nennt man sowas. - Etwas volkstümlicher ausgedrückt: Sie hatten Schiss.

Aufeinander gestützt, sich gegenseitig Mut zusprechend, wankten sie am Tag X ins Schauspielhaus. Mit kaltem Angstschweiß im Nacken ließen sie sich fönen und abpudern, immer und immer wieder.
Verzögerungstaktik nennt man sowas. - Etwas volkstümlicher ausgedrückt: Sie wollten kneifen.

Doch es gab kein Entrinnen !!!!!!!!!!!!!!!!!!!!!!!!!!!!!!!!!!!!!!!!

An den seitlichen Bühnenvorhang geklammert sahen sie zu, wie 8 niedliche Tänzerinnen ihre 16 niedlichen Beine schwangen, hoch und weit und im Spagat. Ekelhaft gut gelaunt rannten die Ballettmäuschen an ihnen vorbei, während der schwere Vorhang sich langsam schloss. Hermine, die sich besonders gründlich festgekrallt hatte, musste von Hilde und Hanna im letzten Moment von Stoff losgehakelt werden. sonst wäre sie, quasie als Vorhangdekoration, mitgeschleift worden.

Applaus fürs Ballett. Ruhe. Stimmengebrabbel.

„Hey, HÜHNER-HARMONISTS, ihr seid dran!", zischelte der Inspizient.

Jetzt gab es kein zurück mehr. Sie mussten sich dem Berliner Publikum, das als besonders verwöhnt und anspruchsvoll galt, stellten. Sie spuckten sich über die Schultern und marschierten los. Hanna, der erste Tenor, zögerte. >Erbarmen!< flehten ihre Augen, als sie sich in hochdramatischer Weise an den Hals packte und hilflos mit den Händen herumgestikulierte. Sie wusste, dass sie just in diesem Moment ihre Stimme verloren hatte. Das kann vorkommen. Ist schon den größten Sängerinnen und Sängern passiert, weltweit. Nun war es eben ihr passiert. Da mussten die anderen drei Verständnis haben und ohne sie auftreten. Sorry.
Henriette, die Zirkus-Abgehärtete, wartete nicht mit Verständnis, sondern mit einem gezielten Ellenbogenstoß in die Magengrube auf. Das probate Hausmittel gegen die Angst vor dem Schritt ins Licht hatte einst ihr geholfen und verfehlte auch bei Hanna seine Wirkung nicht. Vollzählig mit Bass, Bariton, erstem und zweitem Tenor brachten sie eine Perle deutschen Liedguts zu Gehör:

Das Lied vom kleinen grünen Kaktus, der daheim auf dem Balkon steht und ganz fürchterlich sticht.
Pieks, Pieks, Pieks.

# Mein kleiner grüner Kaktus

1.
Blumen im Garten, so zwanzig Arten
von Rosen, Tulpen und Narzissen,
leisten sich heute die feinen Leute.
Das will ich alles gar nicht wissen.

**Mein kleiner grüner Kaktus
steht draußen am Balkon,
hol-la-ri, hol-la-ri, hol-la-ro!
Was brauch´ich rote Rosen,
was brauch´ich roten Mohn,
hol-la-ri, hol-la-ri, hol-la-ro!**

**Und wenn ein Bösewicht
was Ungezog´nes spricht,
dann hol´ich meinen Kaktus
und der sticht, sticht, sticht.**

**Mein kleiner grüner Kaktus
steht drauße am Balkon,
hol-la-ri, hol-la-ri, hol-la-ro!**
2.
Man find´t gewöhnlich die Frauen ähnlich
den Blumen, die sie gerne tragen.
Doch ich sag´ täglich: Das ist nicht möglich,
was soll´n die Leut´ sonst von mir sagen.
Mein kleiner grüner Kaktus
steht draußen am Balkon,
hol-la-ri, hol-la-ri, hol-la-ro, ....

3.
Heute um viere klopft's an die Türe,
nanu, Besuch so früh am Tage?
Es war Herr Krause vom Nachbarhause,
er sagt: „Verzeih'n Sie, wenn ich frage.
Sie hab'n doch einen Kaktus
da draußen am Balkon,
hol-la-ri, hol-la-ri, hol-la-ro!
Er fiel soeben runter,
was halten Sie davon?
Hollari, hollari, hollaro!
Er fiel mir aufs Gesicht,
obs'glauben oder nicht,
jetzt weiß ich, dass ihr grüner Kaktus sticht, sticht, sticht.
Bewahr'n Sie Ihren Kaktus
gefälligst anderswo,
hollari, hollari, hollaro!"

**dt.Text: Hans Herda    Musik: Bert Reisfeld, Albrecht Marcuse**
**Copyright 1934 by Choudens, Editeur Paris**
**Wiener Bohème Verlag GmbH, Berlin-München**

# IM CHAMPAGNERRAUSCH

*Ovation* *(owazion; lat.: „kleiner Triumph") die; -, -en:*
*Huldigung, Beifall*

Dieses Wort hätte der DUDEN knapp und zusammenfassend
als Antwort gegeben, hätte man ihn nach der
Publikumsreaktion an diesem Abend befragt. Aber, ich bitte
Sie, wer fragt in solch einer Lebenslage schon den
DUDEN?! Kein Schwein, vermutlich.
Die HAPPY-HUHN-HARMONISTS brauchten auch nichts
nachzuschlagen. Denn der tosende, nicht-enden-wollende
Applaus, die Bravo-Rufe sowie das zweitausendfache
Füßegetrampel um eine Zugabe nach der anderen zu erbitten,
zu fordern, zu erpressen, sprachen für sich. Sie sagten das,
was die vier Hühnerdamen so sehnlichst herbeigewünscht
hatten:
IHR SEID GROSSARTIG! WIR LIEBEN EUCH!

Als der Vorhang endgültig und zum letzten Mal fiel, wussten
Hanna, Hermine, Hilde und Henriette dass sie es geschafft
hatten. All die Probenplackerei war nicht umsonst gewesen.
Sie waren oben. Sie hatten Berlin erobert. - Den Rest der
Welt würden sie auch noch schaffen.
Erich Schrapnell war sich dieser Tatsache ebenfalls bewusst
und beglückwünschte sich selbst auf das Herzlichste, mit den
Hühnern einen überaus vorteilhaften Vertrag geschlossen zu
haben. Er hatte sie sicher, so lange seine Show lief. Und
seine Show würde, das stand nun fest, sehr, sehr lange
laufen. Ein Arrangement von
wunderbarer Wechselwirkung.

Der Herr Generalintendant rechnete in Windeseile hoch, wie
viele Eintrittskarten sich in der gesamten Spielzeit

verkaufen ließen, addierte dann die Erlöse aus den Zusatz-Vorstellungen, die er selbstverständlich für die Nachmittage anberaumen würde, und war höchst zufrieden. Die HÜHNER-HARMONISTS, so befand er, hatten ebenfalls Grund zur Zufriedenheit. Immerhin hatte er sie entdeckt. Wären da nicht die fantastischen Schrapnell-Ohren gewesen, würde die Gruppe immer noch Bäume und Futterrüben ansingen. Und die zahlten, daran gab es nichts zu rütteln, noch weniger Gage als er.

Also - alles bestens!

Außerdem konnten die harmonischen Vier es so machen wie ihre großen Vorbilder. Die hatten sich nach den Vorstellungen bei Eric Charell singend und swingend in den Nachtclubs der Hauptstadt herumreichen lassen. Zu Spitzengagen nebst Gala-Diners und Champagner.

Champagner?

Warum eigentlich nicht. Erich Schrapnell ließ per Lippengymnastik seine Havanna von einer Seite zur anderen wandern. Er versuchte - mit mäßigem Erfolg, übrigens - den >kleinen grünen Kaktus< zu pfeifen. Dynamischen Schrittes näherte er sich dem Allerheiligsten in seinem Büro: dem diskret eingebauten Barschrank. Spontan schloss sich seine sorgfältig manikürte Hand um den Hals einer weit vorn stehenden Flasche. Ein Gedankenblitz, und er gab sie wieder frei. „Nein", murmelte er leise, „heute keinen Schaumwein der Supermarktklasse. Und mit einem forschen „Komm her, Witwe!", griff er zu einer Flasche Veuve Cliquot Ponsardin.

# KLEINE CHAMPAGNERKUNDE (1)

## Grundsätzliches:

Als Champagner dürfen nur Produkte bezeichnet werden, die in einem gesetzlich streng abgegrenzten Gebiet angebaut, aus bestimmten Trauben gekeltert und nach der sogenannten >Méthode Champenoise< hergestellt werden.

Zu den klassischen Anbaugebieten zählen: **Montagne de Reims, Vallée de la Marne, Cotes des Blancs, Aube.**

Die klassischen Trauben-/Rebsorten sind: **Pinot Noir (blau), Pinot Meunier (blau), Chardonnay (weiß).**

Die klassische Herstellungsmethode des Champagners unterscheidet sich von anderen Schaumweinen hauptsächlich dadurch, dass für den Champagner die zweite Gärung in der endgültigen Flasche, also in der Flasche, in der er auch verkauft wird, vorgeschrieben ist.

## Die Behandlung:

Der Champagner liebt dunkle, kühle Keller und gleichbleibende Temperaturen. Ideal ist die liegende Lagerung bei Temperaturen zwischen 10 und 12 Grad Celsius, während die Temperatur beim Servieren 6 bis 8 Grad C betragen sollte. (Am besten lässt sich die Trinktemperatur in einem mit Eis und Wasser gefüllten Kübel erreichen.)

Der Kenner wird seinen Champagner nur in sauberen, spülmittelfreien Kelchen genießen, keinesfalls in Schalen (hier verfliegt das Bukett sofort) oder gar mit einem Quirl *(der vernichtet, was Natur und Kellermeister in jahrelanger Arbeit geschaffen haben)! Auch geeiste Gläser, das schnelle Herunterkühlen im Gefrierfach und künstliches Licht wird der Champagner-Freund dem edlen Getränk nicht zumuten.*

## *Flaschengrößen:*

**Quart (1/4 Flasche) 0,2 l**
**Demi (1/2 Flasche) 0,375 l**
**Bouteille (1/1 Flasche) 0,75 l**
**Magnum 1,5 l**
**Jeroboam 3 l**
**Rehoboam 4,5 l**
**Methusalem 6 l**
**Salmanazar 9 l**
**Balthasar 12 l**
**Nebukadnezar 15 l**

## *Die Marken:*
*(Eine Auswahl bedeutender Häuser und ihrer gängigen Abfüllungen)*

*Bollinger (1829) - Familienbesitz, produziert größtenteils aus eigenen Weinbergen; erhältlich als:*
*-Special Cuvée Brut; - Grande Année Brut; -RD Extra Brut; -Année Rare RD*

*Deutz & Geldermann (1838) - Familienbesitz; -Blanc de Blancs (mit und ohne Jahrgang); -La Cuvée W. Deutz Krug (1843) - Erste Gärung im Holzfass; -Grande Cuvée; -Rosé; -Vintage; -Clos du Mesnil (Blanc de Blancs mit Jahrgang)*

*Lauren-Perrier (1812) - Familienbesitz; -Brut; -Rosé Brut; -Ultra Brut; -Cuvée Grand Siècle; -Millésimé Rare*

*Moet de Chandon (1743) - LVMH, weltweit Marktführer; -Brut Imperial; -Brut Imperial Vintage; -Brut Imperial Rosé. Aus diesem Haus kommt auch der nur in guten Jahrgängen aufgelegte Cuvée Dom Pérignon, der auch als Rosé angeboten wird.*

*Joseph Perrier (1825) - Brut (mit und ohne Jahrgang); -Cuvée du Cent-Cinquantenaire*

*Perrier-Jouet (1811) - Extra Dry; -Grand Brut; -Brut Vintage; -Brut Vintage Rosé*

*Piper-Heidsieck (1885) - Brut Extra; -Brut Millésimé Rare (Jahrgang); -Brut Sauvage (sans Dosage, Jahrgang)*

*Pommery & Greno (1836) - zur Hälfte aus eigenen Weinbergen, ausschließlich Grand Cru; -Pommery Brut Royal; -Pommery Brut Rosé; -Pommery Brut Vintage; -Louise Pommery Vintage Weiß; -Louise Pommery Vintage Rosé*

*Roederer (1760) - Familienbesitz, überwiegend aus eigenen Weinbergen; -Brut Premier; -Brut Rosé; -Brut Cristal (Jahrgang)*

*Ruinart (1729) - das älteste Champagner-Haus gehört zur LVMH-Gruppe; -Brut; -Millésimé; -Blanc de Blancs und -Rosé (mit Jahrgang)*
*Taittinger (1734) - Familienbesitz; -Brut; -Brut Réserve; -Taittinger Collection; -Comtes de Champagne Blanc de Blancs und Rosé (Jahrgang)*

*Veuve Cliquot Ponsardin (1772) - gehört zur LVMH-Gruppe; -Brut, -La Grande Dame; -Carte d'Or (Jahrgang)*

*Weiter Marken: Alfred Gratien, Ayala, Charles Heidsieck, Heidsieck & Co. Monopole, Henriot, Lanson, Mercier, Bruno Paillard, Pol Roger, Salon*

# BLUMENTOPF GEGEN AUTOGRAMM

.

**"Gefällt mir,** berühmt zu sein", seufzte Hilde.

„Gefällt mir, reich zu sein", gurrte Henriette.

„Gefällt mir, reich und berühmt zu sein", säuselte Hanna.

„Gefällt mir, ein HAPPAHAPPAHARMONIST zu sein", grunzte Hermine.
Sie war die letzte, die den wagenradgroßen Teller zur Seite schob, die Serviette vom Hals riss und sich in die weichen Polster zurückfallen ließ. Mit derselben satten Zufriedenheit, die eine Anakonda aufweist, wenn sie gerade ein Schwein verschluckt hat. Die vier Künstlerinnen hatten ihren Sensationserfolg mit einem Festmahl im ersten Haus am Platz gekrönt. Acht Gänge pro Schnabel, inklusive diverser Tischweine, plus Aperetifs, Digestifs und Cappuccionos. - Ein teures Späßchen, fürwahr, aber das war es wert! Keine von ihnen konnte sich daran erinnern jemals mit sich, der Welt und dem Universum dermaßen im Einklang gewesen zu sein.
Hermine tat noch einen Rülpser, bevor sie direktemang in Morpheus´Arme fiel. Absolut tief und fest. Hätte sie nicht sporadische kleine Schnarchlaute von sich gegeben, hätte man sie glatt für tot halten können.

„Noch einen Wunsch, die Damen?"

Der Kellner hatte sich auf feinen Ledersöhlchen herangeschlichen. Diskret übersah er die drei Zylinder auf der Hängelampe und den einzelnen Lackschuh in der Blumenvase. Ach, diese Künstler .... Wie die Kinder, zum Glück nur mit größerem Portemonnaie. Man musste sie einfach gernhaben. Besonders, wenn sie solch ein dickes

116

Trinkgeld rüberwachsen ließen. Ob er sich von ihnen ein Autogramm geben lassen sollte?

So prophylaktisch? Er kannte sie zwar nicht, aber das konnte sich noch ändern. Karrieren starteten oft über Nacht, zumal in einer Stadt wie Berlin.

Während er noch hin und her überlegte, hatten sich die vier bereits erhoben. Er musste sich eilen, ihnen die Tür aufzuhalten: „Auf Wiedersehen, die Herrschaften, und beehren Sie uns bald wieder, und noch eine angenehme Nachtruhe wünsche ich Ihnen, und blablabla."

Sie wackelten, freundschaftlich untergehakt, in Richtung Hotel. Unterwegs erstand Henriette mehrere druckfrische Zeitungen. Während die anderen drei ihre Hühnerhintern weiter im Marschtakt schwenkten, blieb sie stehen, um die Feuilletonseiten aufzuschlagen.

„Hey, Polly Pickpick, du Virtuosin am Geflügel ....hähä .... wollte sagen Flügel .... hähä .... wo bleibste denn?", krakeelte es von vorn nach hinten.

Hermine ließ ihren wohltemperierten Baß ertönen: „Ich hab für dich nen Blumentopf bestellt, Pipi-Piano-Popopolly!" Es folgten mehrere Rülpser, dann ein Schniefen, ein theatralischer Schluchzer und: „Habt ihr gemerkt, der Pinguin in dem piekfeinen Schuppen hat nich mal nach nem Autogramm gefragt. Für den waren wir noch nich berühmt genug, seufz, schnief, schluchz, ähbääääähhh!!!" Es war anzunehmen, dass sie die Zunge herausstreckte und für geraume Zeit draußen hängenließ.

Dann der Dreierchor: "Henri-ette, du Nette, wir ham für dich nen Blumentopf, nen Blumentopf bestellt! Kerle-Kerle, wo bleibste denn?!"

Jetzt erst wurde ihr Lärmen von Erfolg gekrönt. Die rotgesträhnte Henne schloß leichtfüßig zu ihnen auf. Dabei scchwenkte sie die Druckerzeugnisse in ihrer Hand mit der Inbrunst eines kaiserlichen Fahnenträgers. Ein süffisantes Lächeln kräuselte ihre Lippen. „Ich wette mit euch um zwei Blumentöpfe, dass der Herr von und zu Ober uns morgen abend geradezu um ein Autogramm anwinseln wird", gab sie kund. „Und der Chef de Cuisin und der Geschäftsführer höchstpersönlich auch. Das steht mal fest."

Hanna löste sich aus der Dreierformation. „Ach, und warum steht das fest, wenn man fragen darf?"

„Weil ............" Henriette unterbrach den Satz, der Antwort geben sollte. Statt weiterer Worte streckte sie ihren Kolleginnen die Morgenblätter entgegen. Augenblicklich senkten sich drei Hühnerköpfe über die Druckerschwärze, die dermaßen viel bewirken kann auf dieser Welt.

Als die Köpfe, je nach Lesegeschwindigkeit, einer nach dem anderen wieder emportauchten war klar, dass Henriette die Blumentopfwette gewinnen würde. Mit links. Spielend. Locker. Bei d e n Kritiken!

# Ich hab für dich ´nen Blumentopf bestellt

Emil war in Lieb´entflammt
vom Scheitel bis zur Sohle,
und sein armes Herze brannt´
glühend wie ´ne Kohle.
Doch da´s ihm an Gold gebrach
zu schenken Nerz und Zobel,
er zu seiner Holden sprach
einfach, aber nobel:

**Ich hab dür dich ´nen Blumentopf,**
**´nen Blumentopf bestellt,**
**und hoff´, dass dir der Blumentopf,**
**der Blumentopf gefällt.**
**Es ist der schönste Blumentopf,**
**der schönste auf der Welt,**
**drum gieß mir meinen Blumentopf,**
**dass er sich lange hält.**

Eines Abends wutentbrannt
vom Kopf bis zu der Zehe,
schrie die Holde >sei bedankt,
lieber Freund, ich gehe!<
Und vor Emils Nase schlug
sie zu des Hauses Pforte.
Und zum Abschied, nicht genug,
hört er diese Worte:

**Ich hab für dich - - -**

Emil tobte wie ein Stier,
zerschlug die Holzkommode,
trank zehn Liter Pilsner Bier,
soff sich fast zu Tode.
Pfiff auf Liebe und auf Treu,
jedoch in dem Delire
piept ´ne weiße Maus voll Scheu
unter dem Klaviere:

**Ich hab für dich - - -**

**Text: Gerd Karlick    Musik: Erwin Bootz**
**Copyright 1930 by Wiener Bohème Verlag, Berlin-München**

# Oh, Donna Clara
**Lied und Tango**

---

1.
In einer dämmrigen Diele
tanzt die Spanierin jede Nacht.
In ihrem edlen Profile
ist die Saharet neu erwacht.
Und ein Genießer aus Posen,
er schickt ihr täglich 'nen Strauß roter Rosen,
denn er hat wilde Gefühle,
und er flüstert heiß, wenn sie lacht:

**Oh, Donna Clara,
ich hab'dich tanzen geseh'n,
und deine Schönheit hat mich toll gemacht!
Ich hab'im Traume
dich dann im Ganzen geseh'n,
das hat das Maß der Liebe vollgemacht!**

**Bei jedem Schritte und Tritte
biegt sich dein Körper genau in der Mitte,
und herrlich, gefährlich
sind deine Füße, du Süße, zu seh'n.
Oh, Donna Clara,
ich hab'dich tanzen geseh'n,
oh Donna Clara, du bist wunderschön!**

2.
Er zählt schon fünfzig Lenze,
doch er ist von ihr ganz behext,
und bis zur äußersten Grenze,
seine Leidenschaft heute wächst!
Er ist ein Kaufmann, ein schlichter,
jedoch die Liebe, sie macht ihn zum Dichter,
und zur Musik ihrer Tänze
schreibt er glückberauscht einen Text:

**Oh, Donna Clara - - -**


3.
Doch der Genießer aus Posen
ist ins Heimatland bald entfloh´n,
denn viel zu viel kosten Rosen,
die man täglich schenkt ohne Lohn.
Doch in der trauten Familie,
nach Gansbraten mit viel Petersilie,
fällt ihm das Herz in die Hosen,
denn auf einmal singt´s Grammophon:

**Oh, Donna Clara - - -**


**Text: Beda    Musik: Jerzy Petersburski**
**Copyright 1930 by Wiener Bohème Verlag, Berlin-München**

# EIN SCHARFER SCHUSS

**Was für ein Leben!** Sie speisten jeden Abend im ADLON, sie fuhren nur noch Taxi, sie ließen sich täglich frisieren, pediküren und maniküren, sie badeten in Buttermilch (soll exzellent für den Teint sein!), sie rauchten echte ägyptische Zigaretten, aufgesteckt auf lange goldene Zigarettenspitzen. Und sie ließen sich feiern. Bejubeln. Umschwärmen. Anbeten.

Warum auch nicht?! There´s no business like showbusiness, wie der Lateiner zu sagen pflegt.

Heute mussten sie die Pediküre ausfallen lassen. Wichtig, wichtig, ein Fototermin stand an. Beim Berliner Top-Fotografen Erich Kasubke, genannt Erika, wenn man denn zum Freundeskreis zählte und es wagen durfte, ihn so anzusprechen. Die HÜHNER HARMONISTS durften. Logo. Künstler(frauen) unter sich, eben ....


Erika empfing seine berühmten Kunden in einem recht gewagten Ensemble: Ein Crèpe de Chine Hemd, über und über bedruckt mit Bildern munter kopulierender Griechen, blitzte unter einem Jackett im Dessin der Haut eines wechselwarmen Tieres hervor. Beides korrespondierte heftig mit einer Art Hosenrock aus fließendem Georgette, bodenlang und von spinatgrüner Farbe. In Schuhen, die er wahrscheinlich einem gastierenden Flamencotänzer abgeschwatzt hatte, stöckelte er den neuen Lieblingen Berlins entgegen.

„Schätzchen Hermiiiiine! Bussi!!! - Mmmmm Hannilein! - Kussi-Kussi du süßes Hildchen, du! - Jettedarling, lass dich drücken!!!"

Während er die Gruppe in Richtung Fotokamera bugsierte flossen Ströme von Worten wie dicker Sirup aus seinem Mund. Erika hatte genau Vorstellungen von dem Foto, das die neuen Sterne am Nachtlebenhimmel zeigen sollte. Umwerfend stark sollte es sein. Eindrucksvoll und doch schlicht. Abgefahren und ultramodern aber nichtsdestotrotz zeitlos klassisch. Mit Signalwirkung auf Herz und Hirn.

„Nimm sofort die Schminke aus dem Gesicht", herrschte der/die heute nur dezent weiß-rosé bemalte Erika die Hilde an. „Farben wirken vulgär, ma Chère!" Spätestens jetzt war klar, dass das Foto ein Schwarz-Weiß-Foto werden sollte.

Ein neues Kommando füllte das luftige Dachatelier: „Locker nebeneinander, die Arme über die Schulter des Nebenmanns, Köpfe leicht nach vorn geneigt und möglichst viel Sinnlichkeit in den Blick gepackt!"

Das war genau die Pose, die die HAPPY-HUHN-HARMONISTS intuitiv permanent einnahmen. Es war **ihre** Pose.

„Göttlich, einfach göttlich! So machen wir´s klar", tönte es aus Erikas weit aufgerissenem Lippgloss-Mund. Doch gleich hinterher ein: „Halt! Da fehlt noch was! Ein Gag ..... Etwas Interessantes ..... Etwas Pikantes ....."

Mit wabernden Hosenbeinen tänzelte er um die vier Fräcke herum. Vor der abgeschminkten Hilde blieb er abrupt stehen. „Dein Gesicht, Darling ..... Irgendwie .... nackt." Berlins bester und verrücktester Fotograf
murmelte Dinge wie >Schmisse?<, >Pflaster?<, >Brille?<, stutzte, rauschte davon und kehrte gleich darauf mit einem

runden Glas zurück. „Hier, ein Monokel", kreischte er. Es folgten spitze Schreie des Entzückens, als die Henne die altmodische Sehhilfe vor das linke Auge klemmte. Es passte. Hilde und das Monokel hatten sich anscheinend gesucht und gefunden und bildeten nun eine perfekte Einheit.

Jetzt, endlich, stand dem optimalen Schuß nichts mehr im Wege. Ein K-l-i-c-k und das Ding war im Kasten. Das Star-Foto, das alles einfing, was die HARMONISTS ausmachte. Kurz und gut - ein Meisterwerk.

# Mode-Schnick-Schnack

Die Art sich zu kleiden bezeichnet man bei dem einen Zeitgenossen als Missgeschick, bei dem anderen nennt man es Mode. Dies zu entscheiden ist eine Geschmacksfrage. Diese wiederum orientiert sich an der Temperatur eines bestimmten Landes, an der Dicke des jeweiligen Geldbeutels und an Charaktereigenschaften wie Mut, Feigheit, Selbstverliebtheit, Bescheidenheit, Größenwahn etc.
Neben der Selbstdarstellung ist ein guter Grund sich mit Häuten, Wolle, Leinen oder Polyacryl zu behängen der Kälte- bzw. Wärmeschutz. Auch können körperliche Makel wie Bierwampe, Säulenschenkel oder Streichholzbeinchen geschickt kaschiert werden.
 Doch trotz all dieser guten Gründe ist der entscheidende Punkt, der für die Verhüllung spricht, die Erotik.
Und was, bitte, ist Erotik???
Zu 90% das, was sich in den hintersten Winkeln unserer Gehirnwindungen abspielt. Der Film, den wir selber inszenieren und - nur für uns als Publikum - ablaufen lassen. Eine kreative Sache, die keinen Tatsachenbericht als Vorlage braucht. Nur ein Funke ist nötig, damit sich die eigene Fantasie entzünden kann. Und deshalb brauchen wir Hemdchen, Schühchen, Strümpfchen, Mäntelchen, Söckchen, Jäckchen, Hütchen und, und, und.

Eben Kleidung. Denn sie fügt der Nacktheit ein Geheimnis hinzu.

# Benjamin, ich hab´ nichts anzuzieh´n
**Foxtrott**

---

1.
Mein Freund, der schöne Benjamin,
Schweinespeck en gros,
fährt jede Woche nach Berlin
zu der kleinen Clo.
doch wenn er kommt,
in Lieb´ zerflossen, in ihr Boudoir,
liegt sie am Divan hingegossen
mit zerwühltem Haar:

**Benjamin, ich hab´ nichts anzuzieh´n,**
**mein letztes Kleid ist hin, ich bin so arm!**
**Benjamin, im roten Crèpe de Chine**
**kann ich ja nirgends hin, dass Gott erbarm!**
**Benjamin, das musst du auch verstehen,**
**Benjamin, ich kann doch nackt nicht gehen!**
**Benjamin, hab´ ich nichts anzuzieh´n,**
**nehm´ ich mein Negligé und geh!**

2.
Das rote Kleid ist ein Malheur
durch das Dekolleté.
Man trägt doch keinen Busen mehr,
das ist längst passé!
Und jetzt soll ich den alten Hader,
den ich niemand wünsch`,
garnieren mit gefärbtem Kater
oder grauem Pinsch!

Benjamin, ich hab´nichts anzuzieh´n,
mein letztes Kleid ist hin, ich bin so arm!
Benjamin, im roten Crèpe de Chine
kann ich ja nirgends hin, dass Gott erbarm!
Du kaufst gar, du alter Frauenjäger,
jedes Jahr paar neue Hosenträger!
Benjamin, hab´ ich nichts anzuzieh´n,
nehm´ ich mein Negligé und geh!

3.
Mein Freund, ich bin es gründlich satt
so herum zu geh´n.
Berlin ist eine Fremdenstadt,
alles ist mondän!
Und ich hab´nicht einmal ´nen Jumper,
wie es Mode ist.
Du aber zuckst nicht mit der Wimper,
du bist ein Sadist!

Benjamin, ich hab´ nichts anzuzieh´n,
mein letztes Kleid ist hin, ich bin so arm!
Benjamin, im roten Crèpe de Chine
kann ich ja nirgends hin, dass Gott erbarm!
Benjamin, ich brauche Seidenhemden,
Benjamin, sonst sind enttäuscht die Fremden!
Benjamin, hab´ ich nichts anzuzieh´n,
nehm´ ich mein Negligé und geh!

Text: Beda    Musik: Jara Benes
Copyright by Wiener Bohème Verlag, Berlin-München

# Es geht die Lou lila
**Foxtrott**

---

1.
Jedes Jahr muß eine neue Mode sein,
denn gibt es keine neuen Kleider,
dann verhungern ja die Schneider,
und Frau Lou, die Schöne, Hochmondäne,
bringt das Neu´ste von der Seine.
Mittags auf dem Korso dann im Sonnenschein
führt sie die allerneu´ste Mode aus und ein:

**Es geht die Lou lila,**
**von Kopf bis Schuh lila,**
**auch das Dessous lila,**
**das muß man seh´n.**
**Sie hat den Hut lila,**
**es steht ihr gut lila,**
**was sich da tut lila,**
**ist nicht mehr schön.**

**Sie braucht sich gar nicht**
**die schönen Augen malen,**
**denn ihre Augen strahlen ultraviolett.**
**Es ist ihr Hemd lila,**
**wenn jemand kömmt lila,**
**macht sie die Lampe lila**
**beim lila Bett.**

2.

Alles hat Frau Lou in diesem Farbenton,
das neue Auto und die Villa,
auch die Badewanne lila,
jede Seidenschlinge, alle Dinge,
lila selbst die Augenringe.
Lila vor den Augen wird dem Herrn Baron,
denn er bezahlt die ganze lila Kollektion:

**Es geht die Lou lila - - -**


3.

Lila, lila, lila, alles geht nur so,
selbst in die Oper geht Frau Tilla
nur zu Samson und Dalila,
und es trägt in Posen auch Frau Rosen
lila Hut und Barchenthosen.
Und was tun die Affen, die das seh´n im Zoo?
Sie tragen lila, wenn auch nicht grad´am Chapeau:

**Es geht die Lou lila - - -**


**Text: Beda    Musik: Robert Katscher**
**Copyright 1925 by Wiener Bohème Verlag, Berlin-München**

# DISZIPLIN, BITTE!

**„Bin schon ganz schlapp** vom vielen Autogrammeschreiben."
Hermine, die aus Oiestrichwinkel, linker Niederrhein, stammte, hatte allein an diesem Vormittag mindestens 274 Mal >HERMINE< unter ihr Konterfei gekritzelt. Und das war nur ein Stapel der Fanpost! Auf dem Tisch türmten sich noch fünf Fotokartenberge, die alle signiert sein wollten. Eine schier unmögliche Aufgabe, das, ging es ihr durch den Kopf. Gleichzeitig kam ihr das Bild eines griechischen Helden in den Sinn, das sie mal zufällig in einem aufgeschlagenen Buch erspäht hatte. Ein bedauernswerter Tropf mit Namen Sissie oder Sissiemus oder so ähnlich. Sah aus wie Mister Universum persönlich und hatte doch keinen Job beim Film abgekriegt. War irgendwie in der Baubranche (Straßenbau?) tätig und musste immerzu Steine 'nen Steilhang hochrollen.

Grässlich!

Mindestens so grässlich wie dauernd >HERMINE< schreiben zu müssen. Mindestens, echt. „Da werde ich nicht gleich mitproben können, Mädels", gackerte sie. „Muss mich erst ausruhen. Komme dann später nach."

Ein schlichter Satz, der in gar keinem Verhältnis zu dem vulkanartigen Ausbruch stand, den die Henriette zu Gehör brachte: „Zu spät kommen? Zu spät kommen? Hab ich´s mit den Ohren oder willst du tatsächlich auf dem Sofa rumlümmeln statt zur Probe zu erscheinen, hm?! Ja verkackt und zugenäht!"
Sie blickte sich kämpferisch gesinnt um. Was sah sie da???
1.   Eine kritzelnde, dümmlich grinsende Hermine.

2.   Eine sich auf dem Eisbärfell räkelnde, Monokel-putzende Hilde.

3.   Eine Schwarzwälderkirsch-fressende, verfettete Hanna.

Dem ehemaligen Zirkusprofi sträubten sich die Nackenfedern. Das waren die, die eine sauteure rote Färbebehandlung erfahren hatten. In gerader Linie aufgerichtet verliehen sie der Henriette einen wilden, barbarischen Look. Wie ein Irokese auf dem Kriegspfad wirkte sie. Zu Recht.

Laut genug um sämtliche Trommelfelle in näherer Umgebung zu gefährden, brüllte sie: „Wie nasse Nudeln hängt ihr rum! Keine Disziplin! Keine Haltung! Keine Ordnung! Keine Verantwortung! Kein Nichts! - Wenn ihr so weitermacht, dann ist das, was wir erreicht haben, bald überm Jordan. Aus, vorbei. Dann sind die HAPPY-HUHN-HARMONISTS wieder weg vom Fenster und in der Versenkung verschwunden!" Sie senkte die Stimme, legte eine Schicht Eindringlichkeit mit einer Prise Drohung darüber und fuhr fort. „Die Konkurrenz schläft nicht. Merkt euch das. Ganze Heerscharen von Nachahmern lauern nur darauf, dass wir nachlassen und schlecht werden. Darum gibt es für uns nur eins: Proben, proben und nochmals proben."

Sie lächelte sanft wie Schneewittchen, die rotgesträhnte Henne, als sie in die kalkweißen, panikdurchschüttelten drei Gesichter blickte. Geradezu milde ordnete sie an: „Wer demnächst verspätet zur Probe erscheint zahlt pro Minute fünf Taler Strafe."

**(Ein wahres Glück dass Henriette nicht wusste, wie streng der Robert Biberti einst seine COMEDIAN HARMONISTS-Kollegen zur Kasse gebeten hatte. Da hätte sie doch glatt noch ein Talerchen draufgelegt.)**

*Schwarzwälderkirsch als auch andere Torten gelten im Allgemeinen als der Disziplin eher abträgliche Speisen. Sie unterhöhlen die Moral, zersetzen den Kampfgeist und dämpfen jedwede Form von Aggression. - Sicher ein Grund dafür, dass man die Schwarzwälderkirsch auf dem Speiseplan der Fremdenlegion selten bis gar nicht findet. Dagegen ernähren sich reizende, weich gepolsterte Damen reiferen Jahrgangs fast ausschließlich von dieser teutonischen Spezialität.*

## Schwarzwälder Kirschtorte
### Zutaten:
*100 g Butter od. Margarine*
*100 g Zucker*
*1 Vanillezucker*
*4 Eier*
*75 gemahlene Mandeln*
*100 g Blockschokolade, zerkleinert*
*50 g Mehl*
*50 g Stärkemehl (Mondamin)*
*2 Teel. Backpulver*

**Füllung:** *einige Eßl. Weinbrand oder Kirschwasser, 1/2 l Sahne, 1 Vanillezucker, 1Eßl. Zucker, 2 Sahnesteif, 1 Glas Sauerkirschen, etwas Raspelschokolade*

## Zubereitung:

*Einen Rührteig herstellen, in eine gefettete Springform füllen und im vorgeheizten Ofen bei 175 Grad etwa 45 Minuten backen. Nach dem Erkalten 1 x durchschneiden.*

*Den Tortenboden mit Alkohol tränken. Die Kirschen gut abtropfen lassen und die Sahne mit Zucker und Sahnesteif sehr steif schlagen. Die Hälfte der Sahne aufstreichen und die Kirschen darüber verteilen. Den oberen Kuchenteil vorsichtig auflegen. Mit der restlichen Sahne die Oberfläche und den Rand bestreichen.*

*Die Torte mit grob geraspelter Schokolade und mit Kirschen verzieren.*

## Schlemmerroulade

### Zutaten:

*4 Eiweiß*
*4 Eßl. Wasser*
*200 g Zucker*
*4 Eigelb*
*60 g Mehl*
*60 g Stärkemehl (Mondamin)*
*1 1/2 gestr. Teel. Backpulver*
*40 g Kakao*

**Füllung:** *einige Eßl. Weinbrand, 200 g Marmelade oder 375 g Himbeeren, 1/2 l Sahne, 2 Blatt Gelatine oder 2 Sahnesteif*

## Zubereitung:

*Eiweiß mit kaltem Wasser sehr steif schlagen, Zucker einrieseln lassen und kurz unterschlagen. Eigelb verquirlen und unterziehen. Mehl, Mondamin, Backpulver und Kakao mischen, darübersieben und locker unterheben.*

*Ein Backblech mit gefettetem Pergament belegen, den Teig darauf streichen und bei 220 Grad etwa 10 -15 Minuten backen.*

*Den Biskuit sofort auf ein sauberes Küchentuch stürzen und das Papier abziehen. Die Biskuitplatte mit dem Tuch aufrollen, erkalten lassen und zurückrollen. Dann mit Weinbrand beträufeln, mit Marmelade bestreichen (oder mit Früchten belegen) sowie der geschlagenen Sahne. Mit Hilfe des Tuches wieder aufrollen. Die gefüllte süße Roulade auch von außen mit Sahne bestreichen und mit einigen Früchten verzieren.*

Wer nicht erst auf den Kaffee warten will, kann sich seine Aggressionen gleich nach dem Essen zum Dessert weglöffeln. (Vorzugsweise mit langstieligem Löffel und abgespreiztem
kleinen Finger.)

## Schwarzwälder Kirschcreme
### Zutaten:

*6 Eßl. Kirschen aus dem Glas*
*3-6 Eßl. Kirschwasser oder Rum*
*3/4 l Milch*
*1/4 l Sahne*
*1 Vanillesoßenpulver*
*1 Schokoladenpuddingpulver*
*2 x 50 g Zucker*
*1 Eßl. Rum*

***Zubereitung:***

*Kirschen abtropfen lassen und mit Kirschwasser oder Rum beträufeln. Aus 1/4 l Milch, Vanillesoßenpulver und Zucker eine Creme kochen und rühren, bis sie erkaltet. Die Sahne steif schlagen und die Hälfte davon unterziehen. - Aus 1/2 l Milch, Schokoladenpuddingpulver und Zucker ebenfalls eine Creme kochen, den Rum und den Rest der Sahne unterziehen.*

*Die Hälfte der Vanillecreme in Gläser füllen, Sauerkirschen darauf verteilen und die restliche*

*Vanillecreme darüber geben. Nun mit Schokoladencreme auffüllen, mit einem Tupfen Sahne verzieren und etwas geraspelte Schokolade überstreuen.*

# GEPRESSTE TÖNE NOCH UND NÖCHER

**Wie nicht anders** zu erwarten gewesen war, klopfte bald die Schallplattenindustrie an. Laut und dringlich wie ein Liebhaber, der fiebrig glühend vor der Tür der Angebeteten schmachtet.

Man zeigte Erbarmen und ließ den Klopfenden ein.

Es war überhaupt nicht schwer. Sie schmetterten Ton um Ton und Lied um Lied in die Mikrofone hinein. Die Damen und Herren der Musikfirma pressten Ton um Ton und Lied um Lied auf handliche schwarze Scheiben und boten diese feil. Danach brauchten sich alle Beteiligten nur noch bequem zurückzulehnen und abzuwarten, bis der Geldstrom floss. Er floss gewaltig, denn er wurde immer breiter und schneller und entwickelte sich quasi vom Formt eines Gebirgsbächleins zum reißenden Amazonas hin. „Die Leute sind süchtig nach euch HARMONISTS", schwärmte der Plattenproduzent, „ihr könnt singen was ihr wollt. Foxtrott, Rumba, Tango, Marsch, Walzer, Samba, Polka, ganz egal. Die kaufen alles, einfach alles."

„Auch die etwas ...." Hilde zögerte, nahm das Monokel aus dem Auge, wischte dran rum und setzte es wieder auf. Sie räusperte sich, weiß der Himmel warum. „Hä-em. Die schrulligen Sachen, gehen die auch, Herr Produzent?"

Der Angesprochene ließ seine goldenen Jackettkronen fröhlich blitzen: „Sachen wie >Eins, zwei, drei, vier, fünf, sechs, sieben< und so?" Er schaukelte die rosige Patschhand im Foxtrott-Takt, wobei der taubeneigroße Diamant auf dem Wurschtfinger wunderbar zur Geltung kam. „Diese albernen Liedchen laufen besonders gut. Da kommen wir kaum nach mit dem Pressen." Ein Licht blinkte in den ansonsten trüben

Abwaschwasseraugen auf, präzise und fix wie das Lämpchen einer Registrierkasse. Wahrscheinlich, weil der gesamte Mann wie solch ein nützliches Recheninstrument funktionierte.

„Nun aber genug geplaudert und wieder ab ins Kabäuschen! Wir nehmen das nächste Dutzend Titel auf. Rappzapp, denn Baby und Greis und der gesamte Pulk dazwischen wartet schon drauf!" Mit diesen Worten schob er die Vierergruppe mit Nachdruck in die schalldichte Tonkabine.

Doch bevor er die schwere Tür hinter ihnen zuschlug schenkte er den HAPPY-HUHN-HARMONISTS ein Lächeln, mit dem er ihnen zu verstehen gab, dass er sie für die großartigste Sache des Universums hielt. Ziemlich gleich nach sich.

# Eins, zwei, drei, vier, fünf, sechs, sieben
**Foxtrott aus dem UFA-Film >Hallo, Janine<**

Ich hab ´ne Braut, das ist ´ne Braut!
Die hat ein Mundwerk:
nicht schön, aber laut,
und wenn wir beide
uns zanken und streiten,
dann kracht das Haus.
Doch heute früh,
da sagte sie auffallend leise:
Adieu, mon ami,
ich hab´einen andern,
und mit uns ist´s aus.

**Eins, zwei, drei, vier, fünf, sechs, sieben!**
**Wo ist meine Braut geblieben?**
**Niemand weiß, wie es geschah,**
**plötzlich ist sie nicht mehr da.**
**Sieben, achte, neune, zehne!**
**Ach, wie ich mich nach ihr sehne!**
**Plötzlich macht sie mit mir Schluß.**
**Hokus pokus Fidibus!**
**Mancher brave Ehemann, der lacht,**
**wenn seine Frau verschwindet,**
**doch ein Bräutigam wie ich**
**ist froh, wenn er sie wiederfindet.**
**Eins, zwei, drei, vier, fünf, sechs, sieben!**
**Wo ist meine Braut geblieben?**

**Niemand weiß, wie es geschah,**
**plötzlich ist sie nicht mehr da.**
Ich weiß Bescheid. Ich weiß Bescheid.
Wenn sie mir fortläuft,
dann läuft sie nicht weit.
Das mit dem >andern<,
das ist nur ein Märchen,
ist nur ein Trick.
Gleich ruft sie an,
flüstert mir dann:
Du bist der einzige, netteste Mann,
schenk mir etwas Schönes
und ich komm zurück.

**Eins, zwei, drei - - -**

**Text: Fritz Beckmann     Musik: Peter Kreuder**
**Copyright by Ufaton-Verlag, Berlin-München**

143

# Ausgerechnet Bananen
## (Yes! We have no bananas)
## Shimmy

---

1.
Meier ist ein Don Juan, und er weiß Bescheid:
mit den Blumen fängt man an bei der Weiblichkeit!
Und er kauft in Occasion einen Blütenstrauß,
doch im höchsten Grad belämmert wandert er nach Haus.
Was sagt man?

**Ausgerechnet Bananen,**
**Bananen verlangt sie von mir!**
**Sie tun nicht erfreuen**
**die schönsten Levkojen**
**und Rosen aus Glanzpapier.**
**Und nicht einmal ein Oleander**
**bringt uns zueinander. Nein,**
**ausgerechnet Bananen,**
**Bananen verlangt sie von mir!**

2.
Endlich bringt er sie
doch zu sich bei Nacht.
Und sie flüstert: Je vous prie!
Meier sagt: Gemacht!
Aber wie er sich bemüht,
gar nichts ist ihr recht,
weil sie heute nichts Banales,
nur Bananes möcht´.

Wie sagt man?

**Ausgerechnet Bananen,
Bananen verlangt sie von mir!
Was braucht man beim Küssen
von Obst was zu wissen,
da ist doch nicht Zeit dafür!
Ich will die Welt liebend vergessen,
sie möcht´dabei essen! Nein,
ausgerechnet Bananen,
Bananen verlangt sie von mir!**

**Dt.Text: Beda, Originaltext und Musik: Frank Silver/IrvingCohn,
Copyright 1923 by Skidmore Music Co.Inc.New York**

# NACKTE WERBUNG

**Kein Schwein** will wissen, mit welcher Seife man sich das Schmutzhälschen wäscht und auf welchem Ofen man das Mittagssüppchen kocht. Das ändert sich schlagartig, sobald man berühmt ist. Eine Erfahrung, die die HAPPY-HUHN-HARMONISTS bald machen durften.

Kam es zu einem der häufigen Interviews, bettelte der jedweilige Reporter um Auskunft über Schuhgröße, Speiseplan, Parfumverbrauch, Zahnputzgepflogenheiten, Wäschewechsel, Haarpflege, Frischobstkonsum und Schlafgewohnheit.

„Jawohl, ich habe es mir seit frühester Kindheit zur Gewohnheit gemacht, nachts zu schlafen", berichtete Hanna wahrheitsgemäß.

„Aber wie, wie?", bohrte das Fräulein von der Presse weiter. „Schlafen Sie gleich ein oder lesen Sie vorher noch? Und wenn ja, was?", ratterte sie ohne Punkt und Komma auf die nougatbraune Henne ein.

„Tja, also ich rolle mich zur Seite und ...."

Das übereifrige Pressefräulein schien vom Verlauf der Antwort unbefriedigt und gab sich alle Mühe, die Sache in interessantere Gefilde zu ziehen. Denn was will der Leser lesen und der Hörer hören, was??? Sex and Crime, natürlich. Eine journalistische Faustregel, an die sich Volontär und Chefredakteur gleichermaßen halten.

„Unsere Leser wird es freuen, dass das Gründungsmitglied der überaus beliebten HÜHNER HARMONISTS sich eines gesunden Schlummers erfreut, doch möchte die interessierte Abonnentin von >FRAU MIT NERZ< erfahren, w i e Sie sich zu Bett begeben. Ob im Pyjama, im Shorty, im Nachthemd oder .........." Sie sprach im Flüsterton weiter, als läge eine Rotte von Spionen rings um sie auf der Lauer.

147

„Oder…………. tragen Sie nur das, was Filmstars wie Marilyn Monroe nachts tragen???"
Das klang in jedem Fall gut. Also nickte Hanna.
„Ahhh, ich habe es doch geahnt!", kreischte die jugendliche Reporterin entzückt und kritzelte was das Zeug hielt im Notizblock herum.

Der nächsten Ausgabe von >FRAU MIT NERZ< konnte das HAPPY-HUHN-HARMONISTS Mitglied Hanna in fetten Lettern entnehmen, dass es lediglich mit einem Tropfen Chanel Nr. 5 im Gefieder die Nachtruhe pflegte. Die Schlagzeile, die in Kinderarmdicke drüber stand, sah allerdings auf den ersten Blick etwas missverständlich aus. Henriette hielt das Blatt hoch und las laut:
**Exklusiv!!! Lesen Sie, mit wem der Tenor-Harmonist ins Bett geht!!!**

Henriette ließ die Zeitschrift sinken, knurrte etwas, das wie „so´n Quark" oder „so´n Stuss" oder noch unfeiner klang und gab folgende Direktive: „Ab sofort gebe  i c h  die Interviews. Und als Sprecher der HAPPY-HUHN-HARMONISTS werde ich allein entscheiden, welche Kontakte wir aufnehmen und für
wen oder was wir Werbung machen."
Sie streifte Hanna mit einem „Was-Bist-Du-Doch-Für-Ein-Tschaperl-Blick" und fuhr fort: „Für ein Duftwässerchen und noch dazu gratis, werben wir schon mal gar nicht. Dagegen schadet es überhaupt nichts, wenn wir für die exzellenten und wirklich empfehlenswerten Einbauherde der Firma Krause& Co.KG Reklame machen.
Ich habe eigens dafür schon einen Vers getextet. Den singen wir zu einer Melodie, die die Hilde uns komponieren wird. -

Kinder, das wird ein Werbefilm, der Geschichte machen wird!"
(Wurde es tatsächlich.)


*Leckeres aus dem Ofen (es muss nicht einer von Krause sein):*


## Kartoffel-Zwiebel-Auflauf
### Zutaten:
*150 g durchwachsenen Speck*
*1 Eßl. Öl*
*375 g Zwiebeln*
*2 Eier*
*1/2 Becher Schlagsahne (125g)*
*1 Teel. Edelsüß-Paprika, Salz*
*1 Paket TK-Bratkartoffeln (450g)*
*Fett für die Form*

### Zubereitung:
*Speck würfeln und in Öl ausbraten, Zwiebelringe darin glasig dünsten und alles etwas auskühlen lassen. Die Eier verschlagen und mit der Sahne unterrühren. Mit*
*Paprika und Salz würzen. Bratkartoffeln in eine gefettete Form füllen, Zwiebelmasse darauf verteilen.*
*In den kalten Backofen schieben, auf 200 Grad schalten und etwa 30 Minuten backen.*
*Dazu: Grüner Salat.*

## Geschichtetes Gemüse mit Hackfleisch

### Zutaten:

400 g Weißkohl
300 g Möhren
2 Zwiebeln
500 g gemischtes Hackfleisch
2 Eier
3 Eßl. Semmelbrösel
1/2 Teel. Thymian
Salz, Pfeffer
1/4 l Brühe (instant)
1 Becher saure Sahne (150g)
1 Eigelb

### Zubereitung:

Weißkohl waschen und in Streifen schneiden. Möhren putzen, waschen und in Scheiben schneiden. Zwiebeln abziehen und würfeln. Kohl und Möhren in reichlich kochendem Wasser drei Minuten sprudelnd kochen und anschließend auf einem Sieb abtropfen lassen. Hackfleisch, Zwiebel, Eier, Semmelbrösel und Thymian verkneten und mit Pfeffer und Salz abschmecken. Gemüse und Hackfleisch abwechselnd in eine ofenfeste Form füllen, Brühe zugießen und in den kalten Backofen schieben.

Auf 200 Grad schalten und 30 Minuten lang backen. Sahne und Eigelb verquirlen, über Gemüse und Hackfleisch gießen und weitere 15 Minuten backen. - Mit Salzkartoffeln oder Kartoffelbrei essen.

# LEINWAND-IDOLE

**Nur wer wohlhabend ist**, kann reich werden. Und nur wer bekannt ist, bekommt die Möglichkeit, berühmt zu werden. Das klingt unfair. Das ist unfair. Das ist die Realität.

Die HÜHNER-HARMONISTS waren bekannt und - bis zu einem gewissen Grad - berühmt, und deshalb sollten sie noch berühmter werden. Der Weg von den Bühnenbrettern führte sie über einen Plattenpfad von Schellack bis Venyl direkt zum Zelluloid. Der Film rief: „Huhu, wo seid ihr? Kommt doch rauf
zu unserem Olymp, wir warten auf euch!", worauf das Quartett zurückrief: „Aber klar doch, wir kommen!"

Damit stand fest, dass sie bei der nächsten KNUFA-Produktion mitwirken würden, an der Seite von Charmingboy Willi Wald und der alles niederwalzenden Ungarin Marika Krück, die sich - bar jeden Talents - einer großen Beliebtheit erfreute. Und eines Gatten, der alle Filme finanzierte, in denen sie die Hauptrolle innehatte. Ein Zufall? Selbstverständlich. Er basierte auf dem darwinistischen Naturgesetz, dass eine extrem ehrgeizige Darstellerin sich unter allen möglichen Bewerbern zu 99,9 % immer nur in den Produzenten oder Intendanten oder Regisseur verliebt. Böse Zungen halten das für Karrieresucht und den Drang, sich Vorteile zu verschaffen. Einsichtige Menschen dagegen wissen, dass eine Glatze, eine beeindruckende Leibesfülle und ein Altersvorsprung von mindestens 20 Jahren auf hübsche junge Frauen geradezu unwiderstehlich wirken.
Jedenfalls - tatatataaa!!! - waren sie demnächst auf der Leinwand zu sehen. Der erste Probentag war für Montag nächster Woche angesetzt.
„Kinder, Kinder, das ist der Megahammer!" Hanna stand vor dem riesigen Standspiegel, den sie sich von der sehr

bemühten Hoteldirektion aufs Zimmer hatten bringen lassen. Sie war dabei, ihre Mimik zu erproben: Mundwinkel hoch, Mundwinkel runter, Augenbrauen gewölbt, Stirn in Knitterfalten gelegt, Zähne gefletscht und dergleichen künstlerische Ausdrucksmittel mehr.

„Was soll'n der Sch ...‟ Hermine schluckte den unappetitlichen Rest des Wortes herunter und entschied sich für einen Neubeginn. Seriös und doch aussagekräftig. „Wozu dieser Kokolores?!‟, kritisierte sie die Kollegin. „Wir sollen doch nur 'ne kleine Gesangseinlage geben und keinen Hamlet oder so.‟
Sie bekam Unterstützung von Henriette, der rotgesträhnten selbsternannten Chefin der Truppe. „Stimmt. Es ist ein musikalisches Lustspiel und wir treten quasi als das auf, was wir sind, nämlich als Gesangsgruppe. Wir brauchen lediglich in der Dekoration einer Nachtbar zu stehen und ein Lied zu bringen: **Die Bar zum Krokodil**. Schluss. Aus. Ende.‟

Wohlgefällig musterte sie die manikürten, im French-Style lackierten (Beige oder Klarlack, Farbe - igitt - ist ordinär!) Krällchen. „Eigentlich müssen wir nur den Mund bewegen, denn der Ton läuft Playback.‟ Sie erhob sich, um sich neben Hanna vor den Spiegel zu stellen. „Gut aussehen müssen wir, das ist es! Verdammt gut aussehen!‟

# In der Bar zum Krokodil
## Lied und Onestep

---

1.
Das war die Frau vom Potiphar,
die ungemein erfahren war
in allen Liebessachen, so Sachen, so Sachen.
Jedoch ihr Gatte, au contrair,
der war schon alt und konnt´nicht mehr
tirili, tirila, tirili, tirila,
die schöne Frau bewachen, bewachen, bewachen.
Drum pfiff sie auf die Sittsamkeit
und machte sich ´nen Schlitz am Kleid
und fuhr hinauf nach Theben,
um dort sich auszuleben.
Denn Theben war für Memphis
das, was zur Wurst der Senf ´is!

**In der Bar zum Krokodil**
**am Nil, am Nil, am Nil**
**verkehrten ganz incognito**
**der Josef und der Pharao.**
**1+3**
**Dort tanzt man nur dreiviertel nackt**
**im Shimmy und Zweiviertel-Takt.**
**Es traf mit der Geliebten sich**
**des Abends ganz Ägypten sich**
**in der Bar zum Krokodil**
**am schönen blauen Nil.**

2.
Dem Gatten der Frau Potiphar,
dem wurde bald die Chose klar.
Er sprach zum König Ramses, zu Ramses, zu Ramses:
„Ich weiß, was meine Gattin macht,
sie fährt nach Theben jede Nacht
tirili, tirila, tirili, tirila,
ja, Majestät, da ham´Ses, da ham´Ses, da ham´Ses!"
Da sprach zu ihm der Pharao:
„Dann machen wir es eben so!
Sie seh´n wie fad es hier is`,
im Restaurant Osiris!
Drum geh´n als Philosophen
auch wir nach Theben schwofen."

**In der Bar zum Krokodil ---**


3.
Ein schlankes Mädchen, schwarz maskiert,
das hat die beiden fasziniert.
Sie kauften ihr Narzissen, Narzissen, Narzissen.
Der Gatte der Frau Potiphar,
der schneller als der Ramses war,
tirili, tirila, tirili,tirila,
der wollt´sie gerne küssen, ja küssen, ja küssen.
Als er zum Ramses kam zurück,
da senkte traurig er den Blick
und sah verstört zu Boden.
Der Rames fragt: „Wieso denn?"
Worauf die Antwort schallte:
„Das Weib war meine Alte."

**In der Bar zum Krokodil ---**

**Mit Ramses saß heut in der Bar**
**der Gatte der Frau Potiphar**
**und aß von einem Feigenblatt**
**gehackte Mumie mit Spinat.**
**In der Bar zum Krokodil**
**am schönen blauen Nil!**

**Text: Beda/Walter Fitz    Musik: Willy Engel-Berger**
**Copyright 1927 by Wiener Bohème Verlag, Berlin-München**

# SABOTAGE IM KLEIDERSCHRANK?

**„Kleine Kostümprobe** gefällig?" Hilde hatte die Fräcke aus dem Schrank geholt und stand nun mitten im Hotelzimmer, zwei Kleiderbügel links, zwei Kleiderbügel rechts im Arm. Sie zog den Schnabel leicht indigniert in die Höhe: „Meiner Treu, die müffeln ja nach Mottenpulver." Das stimmte. Schließlich hatten sie die letzten Monate nur mit Platten- und Rundfunkaufnahmen zugebracht, in legerer Freizeitkleidung. Hanna griff als Erste zu. Routiniert stieg sie in die Hosenbeine, knöpfte, bzw. versuchte zu knöpfen ------------- ---- Ein Schrei erfüllte die Luft: „Eingelaufen! Mein Frack ist eingelaufen, ich kriege ihn nicht mehr zu!"

„Meiner auch! Mindestens zehn Zentimeter!", jammerte Hermine.

„Habt ihr ein Glück, meiner ist verschwunden!", kreischte Henriette. „Irgendein Lump hat ihn ganz offensichtlich gegen ein Kinder-Fräcklein ausgetauscht!"

„Es muss an der Raumfeuchtigkeit oder der Lufttemperatur im Schrank liegen", stellte die Hilde abschließend überaus sachlich fest. „Oder aber ...." Sie zögerte und sprach erst weiter, als ein Knopf - **pling!** - absprang, mehrmals aufdotzte und schließlich quer durchs Zimmer rollte, wo er liegen blieb um seinen Knopf-Kompagnon zu erwarten. Der machte sich -
**pling!** - von Hannas Weste aus auf den Weg.„..... wir haben zugenommen."

Damit war es draußen. Ausgesprochen und nicht mehr zurück zu nehmen. Wozu auch? War doch die blanke Wahrheit. Die Tage und Wochen, die sie sitzend auf bequemen Studiosesseln verbracht hatten, mit Unterbrechungen fürs erste, zweite, dritte und vierte Frühstück, für die Mittagspause, für einen Kaffee zwischendurch und ein Bierchen zwischendrin, für einen Nachmittagssnack, ein kleines Abendessen, einen Happen danach, eine Erfrischung vor der Nachtruhe, einen Mitternachtsimbiss und - zu guter Letzt, denn Ordnung muss sein - ein Betthupferl, hatten sich bemerkbar gemacht. Waren als in Fett gemeißelte Erinnerung zurückgeblieben.

Sie blickten sich an und erschauerten. Die HAPPY-HUHN-HARMONISTS im Wurstpellen-Look, bar jeder Eleganz und für den Betrachter Anlass zur Augenentzündung. Hildchen hatte vor Entsetzen ihr Monokel fallen lassen. Nun klemmte sie es sich wieder vor die Pupille und tat mit Entschlossenheit kund: „Wir müssen uns umgehend neue Fräcke bauen lassen, aus bestem Stoff, großzügig geschnitten, vorteilhaft genäht. Vielleicht in Längsstreifen?"

Enthusiastisches Kopfnicken rechts wie links.

Leider erhob die schwarzgefärbte rotgesträhnte Henriette noch einmal ihre Stimme. Sie sprach aus, was jede von ihnen ahnte und doch am liebsten verdrängt hätte, nämlich: „Es hilft nix, Mädels, wir müssen abnehmen. Ab sofort ist Diätfutter angesagt."

*Zum Abnehmen ideal ist die 3-Tage-Kartoffelsuppen-Diät, weil sie schmackhaft ist, der Magen nicht gar zu schrecklich knurrt, und weil sie wirkt.*

Die Kartoffelsuppe dazu kann man entweder selbst (auf Vorrat) zubereiten oder aber als Instant-Fertigsuppe einsetzen.

## Grundrezept Kartoffelsuppe
### Zutaten:
750 g Kartoffeln
1 Stange Porree
1 Stückchen Sellerie
2 Möhren
1 1/2 l Wasser od. Brühe
1/2 Teel. Salz
Pfeffer nach Geschmack
evtl. noch: Knoblauch, Majoran
2 Eßl. Fett
1 Zwiebel

### Zubereitung:
Kartoffeln, Möhren und Sellerie waschen und in Würfel schneiden, den Porree der Länge nach teilen, waschen und in Streifen schneiden. Mit dem Wasser und dem Salz (evtl. noch 1 Knoblauchzehe und etwas Majoran) ca. 30 Minuten lang gar kochen  Nach Belieben noch stampfen und mit Pfeffer und Salz abschmecken. -
Das Fett (Öl, Schmalz oder Butter) leicht erhitzen und die gewürfelte Zwiebel darin bräunen. Zum Schluss über die Suppe geben.
Die Suppe kann natürlich noch mit Würstchen, Schinkenresten und gehackter Petersilie angereichert werden.

# 3-TAGE-KARTOFFELSUPPEN-DIÄT

## 1. Tag
### 1. Frühstück:
2 Scheiben Knäckebrot
Kaffee oder Tee ohne Milch und Zucker
### 2. Frühstück
150 g Apfel
### Mittagessen
Kartoffelsuppe mit Gurke und Tomatensalat
(In 1/2 l Kartoffelsuppe 250 g gehobelte Salatgurke geben.
Mit Dill, Pfeffer und 5 g Butter abschmecken.)
### Zwischenmahlzeit
100 g Tomaten mit Pfeffer und Schnittlauch
### Abendessen
Kartoffel-Lauchsuppe mit Tomate (150 g Lauch in 10 g
Butter dünsten, mit Knoblauch und Pfeffer abschmecken und
in 1/2 l Kartoffelsuppe geben. 1 Tomate in Würfel schneiden
und beifügen.)

### Energiegehalt:
### 2900 kJ/695 kcal

## 2. Tag
### 1. Frühstück
2 Scheiben Knäckebrot
Kaffee oder Tee ohne Milch und Zucker
### 2. Frühstück
100 g Orange
### Mittagessen
Kartoffelsuppe Provence (1/2 l Kartoffelsuppe mit 250 g
frischem Gemüse und Kräutern nach Geschmack erwärmen.)

**Zwischenmahlzeit**
*100 g Karotten*
**Abendessen**
*Kartoffelsuppe Prinzess und Feldsalat (In 1/2 l Kartoffelsuppe 1 Kästchen Kresse und 10 g Butter geben. Dazu 50 g Feldsalat.)*

**Energiegehalt:**
**2970 kJ/710 kca**


## 3. Tag
### 1. Frühstück
*2 Scheiben Knäckebrot*
*Kaffee oder Tee ohne Milch und Zucker*
### 2. Frühstück
*100 g Banane*
**Mittagessen**
*Kartoffelsuppe mit Möhren*
*(In 1/2 l Kartoffelsuppe 100 g fein geriebene Möhren und 5 g Butter geben.)*
**Abendessen**
*Kartoffel-Spargelsuppe (140 g Brechspargel in 1/2 l Kartoffelsuppe erwärmen und nach Belieben abschmecken.)*

**Energiegehalt:**
**2950 kJ/705 kcal**

# EINEN SCHMARREN FÜR PUTZIKAM

**Äußerlich entschlackt** und verjüngt, in edelsten maßgeschneiderten Zwirn gehüllt, mit brillant trainierten Stimmbändern präsentierten sich die HÜHNER HARMONISTS dem Auge der Filmkamera.

Marika, das mehlspeisig gepolsterte Pusztamädel, schnaubte, so schien es, Paprika-Edelsüß-Pulver durch die Nasenlöcher. „Putzikam", schrillte es in Richtung Produzentengatten, „kannst du nicht zulassäään, dass einfachä Musikantän-Sängärr stähän vorr mirr. Wo ich bin hauptsächliche Darrställärin von Film!" Dann, als die Vokalgruppe ihr Solo zum Besten gegeben hatte und alle am Set befindlichen Arbeiter klatschten und Bravo riefen: „Musst du sie rausschmeissänn auf Strraßä augänblicklich, Putzikamdarrlink!!!"

Das tat Putzikam nicht. Er rückte die Vier während des Drehs einfach ein wenig mehr nach hinten und die kompakt-quadratisch gebaute Frau Gemahlin mehr nach vorn. Falls das überhaupt noch möglich war. Ein Zentimeterchen noch, und sie hätte in die Kamera kriechen müssen. Jedenfalls hatte sie ihre gewohnte Großaufnahme, während die HAPPY-HUHN-HARMONISTS dezent im Halbdunkel blieben.
Zugegeben, sie waren tatsächlich >nurr Sängärr<, aber es wurmte sie doch. Immerhin hatten sie sich ordentlich kasteit wegen dieses Auftritts. Immerhin hatten sie eine riesige Fan-Gemeinde, die nur ihretwillen eine Kinokarte lösen würde. Also wären ein helleres Deckenlicht und eine etwas längere Einstellung durchaus angebracht gewesen.

Die reinweiße Henne, die ein Monokel und den Namen Hilde trug, streifte ihre Glacéhandschuhe ab, steckte sie in

eine Zellophanhülle und gab diesen ungeheuerlichen Satz von sich:
„Wir sind halt eine Trallallagruppe. Wir singen, wenn auch noch so schön, letztendlich nur einen Schmarren."
Während sich ein Seufzer den Tiefen ihrer Hühnerbrust entrang, lauschte sie dem Hall des letzten Wortes nach. Einen **Schmarren**. Klang komischerweise nicht mal übel, sondern nett. Wie war sie nur auf dies entzückende Wort verfallen???

Sie wusste es nicht.

Und wenn ihr einer gesagt hätte, sie hätte aus einer Seelenverwandtschaft heraus etwas in der Vergangenheit Ausgesprochenes aufgeschnappt, gespeichert und einfach nur wiedergegeben --- sie hätte es nicht geglaubt: Ein **Schmarren**, das waren für einen der Vorgänger-Harmonists die kessen Liedchen mit den witzigen Zeilen gewesen, die das Publikum so sehr liebte.

Just dieselbe Intuition brachte die Hilde dazu, den Zeigefinger feierlich zu erheben und von kulturell Hochstehendem zu schwärmen. „Warum singen wir eigentlich nicht auch Kunstlieder, hm? Was hindert uns daran >SAH EIN KNAB EIN RÖSLEIN STEHN< ins Repertoire aufzunehmen, hm? Weshalb zeigen wir HARMONISTS dem einfachen Mann auf der Straße nicht, wie wunderbar >ICH WEISS NICHT, WAS SOLL ES BEDEUTEN< klingen kann, hm?
Wenn wir das schaffen könnten, wären wir mehr als ein x-beliebiges Gesangsquartett. Viel mehr ...."
Während die anderen, vielleicht weil sie zu verblüfft waren, noch schwiegen, nahm Henriette den Gedanken sofort auf.

Sie kaute ein wenig drauf rum. Das Ergebnis fasste sie mit feierlicher Stimme zusammen:

„Unsere Hilde hat Recht! Wenn wir ein paar Nummern aus der Klassik-Sparte draufhaben, gewinnen wir an Prestige. Das bringt uns mehr Publikum, bessere Kritiken, mehr Chancen im Ausland und ..........." hier erschauerte sie, „die Möglichkeit, im Allerheiligsten aufzutreten. In der Berliner Philharmonie."

Nun schwiegen sie vierstimmig. Jede von ihnen wagte einen Blick in die nahe Zukunft, wo sich plötzlich Türen öffneten, die bislang verschlossen gewesen waren. Verrammelt und zugesperrt für fahrendes Volk, Komödianten und Musikusse. Mit dem goldenen Schlüssel Klassik konnten die HAPPY-HUHN-HARMONISTS demnächst überall eintreten und Fuß fassen.

Sie sahen plötzlich gestochen scharf vor sich, was ihnen bisher versagt geblieben war:

Die Anerkennung von Rezensenten klassischer Musik.

Das Gütesiegel >volksbildend< quer über ihrem Namen.

Die Streichung der unverschämt hohen Vergnügungssteuer auf lumpige 3 Prozent ihrer Einnahmen.

Was sie sahen war, summasummarum, der Himmel. Und ein Grund mehr, sich in Dankbarkeit vor Brahms, Mozart, Beethoven & Co. niederzuknien.

# Sah ein Knab´ein Röslein stehn

**1.**
Sah ein Knab´ein Röslein stehn,
Röslein auf der Heiden,
war so jung und morgenschön;
lief er schnell es nah zu sehn,
sah´s mit vielen Freuden.
Röslein, Röslein, Röslein rot,
Röslein auf der Heiden.

**2.**
Knabe sprach: „Ich breche dich
Röslein auf der Heiden!"
Röslein sprach: „Ich steche dich,
dass du ewig denkst an mich.
Und ich will´s nicht leiden."

**3.**
Und der wilde Knabe brach
`s Röslein auf der Heiden;
Röslein wehrte sich und stach,
half ihm doch kein Weh und Ach.
Musst´es eben leiden.

**Text: Johann Wolfgang vonGoethe    Musk: trad.**

# Es waren zwei Königskinder

1.

Es waren zwei Königskinder,
die hatten einander so lieb;
sie konnten zusammen nicht kommen,
das Wasser war viel zu tief,
das Wasser war viel zu tief.

2.

„Ach Liebster könntest du schwimmen,
so schwimm doch herüber zu mir!
Drei Kerzen will ich anzünden,
und die sollen leuchten dir."

3.

Das hört eine falsche Nonne,
die tat, als wenn sie schlief;
sie tät die Kerzen auslöschen:
Der Jüngling ertrank so tief.

4.

„Ach Mutter, herzliebste Mutter,
der Kopf tut mir so weh;
ich möcht so gern spazieren
wohl an die grüne See."

5.
Die Mutter ging zur Kirche,
die Tochter hielt ihren Gang,
und suchte und suchte und suchte,
bis sie den Fischer fand.

6.
„Ach Fischer, liebster Fischer,
willst du verdienen groß Lohn?
So wirf dein Netz ins Wasser
und fisch mir den Königssohn."

7.
Er warf das Netz ins Wasser,
es ging bis auf den Grund.
Der erste Fisch, den er fischet,
das war der Königssohn.

8.
Sie nahm ihn in ihre Arme
und küsst ihm den bleichen Mund:
„Herzliebster, könntest du reden,
so wär mein Herz gesund."

9.
Sie schwang um sich ihren Mantel
und sprang wohl in die See:
„Gut Nacht, mein Vater und Mutter,
ihr seht mich nimmermeh."


**Volkslied aus Westfalen (nach Erk/Böhme 1893)**

# Lorelei

---

1.
Ich weiß nicht, was soll es bedeuten,
dass ich so traurig bin?
Ein Märchen aus alten Zeiten,
das kommt mir nicht aus dem Sinn.
Die Luft ist kühl und es dunkelt,
und ruhig fließt der Rhein,
der Gipfel des Berges funkelt
im Abendsonnenschein.

2.
Die schönste Jungfrau sitzet
dort oben wunderbar;
ihr goldnes Geschmeide blitzet,
sie kämmt ihr goldenes Haar.
Sie kämmt es mit goldenem Kamme
und singt ein Lied dabei,
das hat eine wundersame,
gewaltige Melodei.

3.
Den Schiffer im kleinen Schiffe
ergreift es mit wildem Weh,
er schaut nicht die Felsenriffe,
er schaut nur hinauf in die Höh.-
Ich glaube, die Wellen verschlingen
am Ende Schiffer und Kahn,
und das hat mir ihrem Singen
die Lorelei getan.

**Text: Heinrich Heine (1823),     Melodie: Friedrich Silcher (1838)**

# BLITZSAUBERE MÄDELS

„**Wochenend** und Sonnenschein, mehr brauch´ ich nicht zum Glücklichsein", trällerte bald halb Europa in der jeweiligen Landessprache. Denn die HAPPY-HUHN-HARMONISTS ließen es sich nicht nehmen, bei den Gastspielen in Italien, Frankreich, den Niederlanden, Skandinavien, Belgien, der Schweiz, der Tschechoslowakei und Ungarn Teile ihres Repertoires >in fremder Zunge< zu singen. Als Verbeugung vor den Gastgebern, die sie überall so enthusiastisch willkommen hießen.

Eine wunderschöne Geste, die die Hühner eine Menge Federn kostete. Noch mehr Seife und noch viel, viel mehr Geduld.

Warum?

Weil sich Hanna, Henriette, Hilde und Hermine die ausländischen Texte auf die Innenseiten der Flügelspitzen zu kritzeln zur Gewohnheit gemacht hatten. In Lautsprache, natürlich. Denn wer hat schon das zweifelhafte Glück in der Schule beigebracht zu bekommen, was >kleiner grüner Kaktus< auf norwegisch heißt?!

Henriette war auf die Idee verfallen. Klappte immer und überall hervorragend, und das Publikum raste vor Begeisterung, wenn sie die Flügelarme ausbreiteten und im ortsüblichen Tonfall loslegten. Perfekt. Topp. Spitzenklasse.

Nur das Abputzen hinterher ....

Es stellte sich als echtes Problem dar, das Tintengeschriebene nach der Vorstellung wieder aus den Federn zu kriegen. Kugelschreiber war noch schlimmer. Filzstift konste grad vergessen. Eine Katastrophe! Bleistifte und Buntstifte funktionierten nicht auf Feder, Kreide auch nicht, und mit Pinsel und Wasserfarbe ließ es sich schwer schreiben. Also doch Tinte.

„Was für 'ne elende Ferkelei!", stöhnte Hermine und blickte betrübt einer Feder hinterher, die sich vom vielen Schrubben und Bürsten gelöst hatte und nun durchs Marmorbad schwebte.

„Wenn wir noch mehr ausländische Gastspiele machen, steh ich bald bis zu den Achseln hin nackig da, und ich weiß nich, ob das schon sittenwidrig is ...."

„Laßt uns Zettelchen aufkleben", warf Henriette, konstruktiv wie immer, ein.

Hermine sparte sich jedes Wort, indem sie den Kopf schüttelte. Klar doch, Alleskleber war noch verheerender als Tinte!

Ein Problem, fürwahr, das nach einer Lösung verlangte. Ob die in >HUMPERNICKELS UNIVERSAL ENZYKLOPÄDIE DES NÜTZLICHEN UND WERTVOLLEN WISSENS< zu finden war??? Nein. Aber das Buch daneben, ein dünnes Bändchen, garniert mit einer altmodischen Blumenranke und der Aufschrift >WAS DIE GROSSMUTTER NOCH WUSSTE - NÜTZLICHE RATSCHLÄGE FÜR DEN HAUSHALT< , erschien ihnen vielversprechend. Mit flinken Fingern blätterte Hanna es durch und stieß dabei tatsächlich auf ein Kapitel über die >Entfernung von hartnäckigen Flecken<. Aha. Soso. Ein paar Tropfen Nitroglyzerin, drei Tage einweichen lassen, undsoweiterundsoweiter.

„Eine Dauerlösung ist das auch nicht", gackerte die nougatbraune Henne missvergnügt.

„Schade", steuerte Hilde zum Thema bei. Dann schlüpfte sie in ihren grandios teuren Paletot, zog die weißen Glacéhandschuhe über und ....

Handschuhe.
Handschuhe?
Handschuhe!
Das war´s. Warum waren sie nicht eher drauf gekommen? Egal, jetzt war das Problem kein Problem mehr. Sie würden ihre Texte ab sofort auf den Innenflächen dieser nützlichen Textilien verewigen. Das war federschonend, seifesparend, das war genial!
Alle waren erleichtert. Alle außer Hilde. Die stand in der Türe, fertig zum Spaziergang im Heyde Park, den Regenschirm fest untergeklemmt, und hatte wieder dieses >Das-Könnt-Ihr-Doch-Nicht-Machen-Martyrer-Gesicht<.
„Die schönen weißen Handschuhe", jammerte sie, „die sind doch dann hin. - Habt ihr eine Ahnung wie aussichtslos es ist, Satin zu reinigen ohne damit seinen Glanz zu ruinieren, hm?" Mit Bitterkeit in der Stimme beantwortete sie sich ihre Frage selbst: „Nein, habt ihr nicht."

Hatten sie wirklich nicht. Weil es ihnen ziemlich schnurzpiepegal war, wie man Satin-Chiffon-Teddyplüsch-Flokati oder sonstwas vom Schmutz befreite.

„Ach, Mädel", begann die Henriette sanft, „darüber machen wir uns doch keinen Kopp. Diese Arie mit der Reinigung überlassen wir meiner Tante in Talersweilerfröschen. Wir HARMONISTS gehen die Sache ganz amerikanisch an, das können wir uns leisten."

„Amerikanisch? Häh? Wie soll das gehen?", erklang es im Dreier-Chor.

Ein schelmisches Grinsen zog Henriettes gelben Schnabelmund in die Breite, Bananenformat. „Well, girls, wir schmeißen die Dinger nach Gebrauch einfach weg. Aus-Apfel-Amen."

# FLECKENTFERNUNG
## von Alleskleber bis Wachs

---

**Alleskleber**
Mit Nagellackentferner versuchen.

**Autoöl**
Reinigungsbenzin verwenden.

**Blaubeeren, Kirschen**
In Buttermilch einweichen, in Waschmittellauge auswaschen.

**Blut**
Frische Flecke in kaltem Wasser auswaschen.

**Filzschreiber**
Kann eventuell mit 90%igem Alkohol entfernt werden.

**Gras**
Reinigungsbenzin, Zitronensaft oder Spiritus helfen.

**Harz**
Vorsichtig abheben, mit Terpentinersatz abtupfen. Ränder mit Spiritus oder Reinigungsbenzin nachbehandeln.

**Kakao, Kaffee**
In lauwarmer Waschmittellauge auswaschen. Alte Flecke mit Glyzerin einreiben, einwirken lassen.

### Kaugummi
*Kleidungsstück in einem Plastikbeutel für eine Stunde ins Gefrierfach legen. Kaugummi ablösen, Fleck mit Reinigungsbenzin nachbehandeln.*

### Lippenstift
*Spiritus oder Reinigungsbenzin, danach in Waschmittellauge auswaschen.*

### Nagellack
*Mit Nagellackentferner (ohne Aceton) probieren, bei ölhaltigem Lack mit reinem Alkohol.*

### Parfüm
*Verdünnter Salmiakgeist kann helfen, ausser bei Acetatstoffen.*

### Rotwein
*Frische Flecke sofort mit Salz bestreuen, in Waschmittellauge einweichen und auswaschen.*

### Pfirsich
*Mit Glycerin einreiben, einige Stunden einwirken lassen, dann auswaschen.*

### Schokolade
*In lauwarmer Waschmittellauge auswaschen.*

### Spinat
*Vor dem Auswaschen mit roher Kartoffel einreiben.*

**Schuhcreme**
Erst Terpentinersatz, dann Reinigungsbenzin.

**Teer**
Terpentinersatz oder Reinigungsbenzin.

**Wachs**
Hart werden lassen, abschaben, Stoff zwischen zwei Löschblätter legen und abbügeln.

# DER MATROSEN-SENOR

**„Böötchen fahren**, Böötchen fahren, juchuh!!!"

Hermine, das gesprenkelte Landei vom Flachland Oiestrich-winkel, linker Niederrhein, warf die eigene sowie sämtliche anderen verfügbaren Mützen in die Luft. Eben war sie vom Fitnesslauf in den Hotel-Parkanlagen zurückgekehrt und hatte die Post geöffnet. Durfte sie eigentlich nicht. Posterledigung fiel eindeutig in das Ressort von Henriette. Genau wie die übrigen Ressorts auch. Das hatte Henriette so bestimmt und keiner hatte aufgemuckt. - Es gibt eben Persönlichkeiten, die alle wichtigen Ämter, alle Geschäfte, alle politischen Entscheidungen an sich ziehen wie Glastische den Staub. So war das schon bei den Alten Ägyptern am Nil gewesen und weshalb sollte das bei den HAPPY-HUHN-HARMONISTS anders sein?!

Jetzt war der Brief offen und gelesen. Da kam jede Grundsatzdebatte eh zu spät. Hermine hatte ums Verrecken nicht widerstehen können. Der Brief sah einfach zu aufregend aus, als dass man ihn hätte jungfräulich unberührt liegen lassen können: Hellblauer Umschlag mit schnörkeliger Handschrift versehen und mit Wachs versiegelt. Ins Siegel gedrückt ein Wappen aus zwei gekreuzten Dolchen - oder waren es Steakmesser? - und einem gehörnten Tier. Der Absender selbst ein Name, den man sich auf der Zunge zergehen lassen musste, eine Orgie fürs Ohr und für die Sinne:
**José Emilio Pacheco Demetrio Vallejo** aus **Paso del Norte.**

Puuuuhhhh, erstmal durchatmen und neu Luft holen!

„Bestimmt ein Opernsänger oder ein Filmstar", schoss es Hermine durch den Kopf, „bei d e m   Namen. Ach ja, Künstler müssen eben zu heißen wissen..."
Die inliegende Briefkarte verriet ein eher schlichtes Gemüt. Oder, wenn es denn ein Künstler war, einen Anhänger der naiv infantilen Richtung. Ein Dadaist gar? - Auf tiefblauem in Form eines Segelschiffs gestanztem Karton standen neckisch verstreut Wörter, die aneinander gesetzt eine Einladung ergaben. Senor José Emilio Pacheco Demetrio Vallejo gab sich die Ehre, die HAPPY-HUHN-HARMONISTS zu einer kleinen Kreuzfahrt auf seine Yacht zu laden. Bereits in den nächsten Tagen würde sich sein Sekretär Senor César Dàvillà Amdrade mit ihnen in Verbindung setzen, damit gewährleistet sei, dass auch alles zur Zufriedenheit der hochgeschätzten HARMONISTEN verlaufe. Blablablabla ....., ein zutiefst ergebener José Emilio Pacheco Demetrio Vallejo aus El Santo.


Es war offensichtlich, dass sogar Henriette dem Charme des Briefschreibers erlegen war. Ohne irgendein Wörtchen über das kompetenzübergreifende Handeln von Seiten der Hermine zu verlieren, nahm sie die Verhandlungen mit dem Senor Sekretär auf. Die waren denkbar leicht, denn seine Anweisung lautete tatsächlich, den HÜHNER HARMONISTEN jeden Wunsch zu erfüllen. Und: Los Penunzos = Geld spielte keine Rolle.
„Der Mann macht in Steakhäusern", gab die selbsternannte Sprecherin den anderen bekannt. „Unendlich reich und ganz vernarrt in uns.
Alles was wir machen müssen, ist, sein Lieblingslied zu singen: >**Das ist die Liebe der Matrosen**<.
Irgendwie hat er´s mit der Nautik, der gute José ...."

Die drei erlitten einen Anfall hochgradiger Albernheit und gackerten, was die Geflügelkehlen hergaben. „Hat wohl eine Steakphobie, der Senor", kreischte Hanna auf, „der will sich nur noch mit Fischen umgeben!"

„Mit glücklichen Fischen!", jappste Hilde.

„Und mit glücklichen Hühnern!", brüllte Hermine.

Henriette, alias Polly Pickpick, wartete ab, bis das gackernde Gelächter versiegte. Dann griff sie zum Zimmertelefon. „Hallo, ist da die Hotel-Boutique? Besorgen Sie uns vier Matrosenanzüge und schicken Sie sie gleich rauf aufs Zimmer. Ja, Nummer 33, die HAPPY-HUHN-HARMONISTS."

Sie hängte ein und drehte sich zu den Kolleginnen um. „Man glaubt es kaum, aber wir singen sogar auf dem Wasser", lächelte sie stolz. „Das haben unsere Vorgänger bestimmt nicht geschafft."

**ANMERKUNG: Haben sie doch, Henriette, und nicht nur auf 'ner popeligen Yacht! Im Jahr 1934 gaben die COMEDIAN HARMONISTS ein Konzert auf dem Flugzeugträger >Saratoga<, von dem aus die geesamte Pacific- und Atlantic-Flotte der USA, die auf dem Hudson-River lag, beschallt wurde.**

# Das ist die Liebe der Matrosen

**Marsch-Foxtrott aus dem Film >Bomben auf Monte Carlo<**

---

A-hoi! Die Welt ist schön
und muß sich immer drehn,
da woll'n wir mal ein Ding drehn!
Jawoll, Herr Kapitän!
Jawoll, Herr Kapitän!

Was nützt uns sonst die Kraft!
Blut ist kein Himbeersaft!
Die Sache wird schon schief gehn!
Jawoll, Herr Kapitän!
Jawoll, Herr Kapitän!

Und hast du eine Fee,
dann schreib ihr: Schatz, ade!
Ich muß mal eben rüber
zum Titicaca-See!

**Das ist die Liebe der Matrosen!**
**Auf die Dauer, lieber Schatz,**
**ist mein Herz kein Ankerplatz.**
**Es blüh'n an allen Küsten Rosen**
**und für jede gibt es tausendfach Ersatz!**

**Man kann so süß im Hafen schlafen,**
**doch heißt es bald auf Wiedersehn!**
**Das ist die Liebe der Matrosen**
**von dem kleinsten und gemeinsten Mann**
**bis rauf zum Kapitän.**

Von Kapstadt bis Athen,
da gibt es was zu sehn.
Wofür ist man denn Seemann?
Jawoll, Herr Kapitän!
Jawoll, Herr Kapitän!

Wie schön ist es zu Haus,
doch halten wir´s nicht aus!
Woanders ist es auch schön!
Jawoll, Herr Kapitän!
Jawoll, Herr Kapitän!

Wenn dich die Tränen rühr´n,
dann schwör´s mit tausend Schwür´n:
Ich muß mal am Äquator
die Linie frisch lackiern!

**Das ist die Liebe der Matrosen ---**

**Text: Robert Gilbert     Musik: Werner Richard Heymann**
**Copyright 1931 by Ufaton-Verlag, Berlin-München**

# TOUJOUR L'AMOUR

**Ortswechsel**. Ein anderes Hotelzimmer, ein anderes Land. Dieselben Koffer, dieselben Hühner. Mit anderen Gedanken, allerdings. Die euphorische Ferienlaune war einer melancholischen Nachdenklichkeit gewichen. Nicht, dass es ihnen auf der 20-Meter-Yacht des Senor José nicht gefallen hätte, o nein! Das war voll in Ordnung gewesen, mit glitzerndem Meerwasser, glitzernden Livréeknöpfen, glitzernden Kristallkaraffen und glitzernden südamerikanischen Guckerchen. Rund um die Uhr waren sie vom aufmerksamen schwarzgelockten Personal bedient worden, während das salzige Nass unter ihnen mit fröhlichem Gegurgel auseinanderschwappte.

Senor José Emilio Pacheco Demetrio Vallejo begnügte sich damit, die großartigen Künstler aus angemessenem Abstand zu bewundern. Nur des Abends, wenn das Dinner anstand, gesellte er sich als vollendeter Gastgeber und Tischherr zu ihnen, wobei er seine taubeneigroßen Diamanten, verteilt auf Finger, Garderobe, Hals sowie den linken Eckzahn, mit seinen Augen um die Wette funkeln ließ.
Und als sie ihm zu Ehren das Lied von der wechselhaften Liebe der Matrosen zu Gehör brachten, ließ er es tatsächlich Rosen regnen. Die stuckverzierte Kabinendecke schob sich auseinander und gab Hunderte von langstieligen, dornlosen roten Rosen frei, unter einem Tusch, der aus einem irgendwo versteckten Lautsprecher ertönte. Es war in der Tat beeindruckend gewesen. Aus ihrer Verzückung heraus hatten sie für den kleinen Schnauzbart, wie sie den Senor liebevoll getauft hatten, noch die eine und andere Zugabe gegeben, bis sie schließlich in New York von Bord gegangen waren.

„Ob er das wohl oft gemacht hat mit den Rosen aus der Decke?" Hilde dachte darüber nach, während sie gleichzeitig ihren Zylinder abbürstete.

Hanna lachte auf: „Da kannste einen drauf lassen! Der kleine Schnauzbart hat sich diese bautechnische Extravaganz nicht umsonst einfallen lassen. Möchte nicht wissen, wie viele rausgeputzte und nobel riechende Damen er damit schon zu Fall gebracht hat ...."

„Drei."

Sechs Hühneraugenpaare schwenkten in Richtung Hermine.

Noch bevor die Fragen, die im Raum schwebten, ausgesprochen waren, gab sie Antwort. „Seine erste Frau Dona Isabella Constancia Querida Felicia de la Guerra, seine zweite Frau Lola Koslowski und mich. Er hat mir direkt nach unserer Zugabe >**Puppenhochzeit**< einen Antrag gemacht. Sie holte mit aller Entschlossenheit der Welt Luft und verkündete: „Ich hab >Ja< gesagt. Sobald unser letztes Konzert hier in Amiland gegeben ist, fliege ich zu ihm. Wir werden heiraten und sehr glücklich sein, Schnäuzerchen und ich."

Das Hüsteln einer Fliege hätte sich in diesem Moment als Mordskrawall ausgemacht. Doch da weit und breit keine hüstelnde Fliege in Sicht war, musste Hermine die betonharte Stille selbst durchbrechen. „Ich steh doch eh mehr auf Landwirtschaft als auf die Kunst. Über Ackerbau weiß ich ja schon super Bescheid, und die Steakzucht lern ich auch noch."

Ein Seufzer, ein verlegenes Grinsen und: „Kann man nix machen, Mädels, das is Schicksal. Das is l´amour. Dagegen ist kein Kraut gewachsen."

Da hatte sie leider Recht. Hanna, Hilde und Henriette blickten sich an. Aus ihrem hervorragenden Vokal-Quartett war, der Li-hie-be wegen, ein Trio geworden. Tel Aviv, wie der Lateiner zu sagen pflegt.

# ROSIGES – GESPROCHEN

. Es ist besser, sich an einer Rosenblüte zu erfreuen, als ihre Wurzeln unter das Mikroskop zu legen. *(Oscar Wilde)*

. Die Ros' ist ohn' Warum; sie blühet, weil sie blühet. Sie acht't nicht ihrer selbst, fragt nicht, ob man sie siehet. *(Angelus Silesius)*

. Über Rosen lässt sich dichten. - In die Äpfel muss man beissen. *(Goethe, Faust II)*

. Das ist im Leben hässlich eingerichtet, dass neben Rosen gleich die Dornen stehn.
*(Scheffel, Trompeter von Säcklingen)*

. Nie soll weiter sich ins Land
  Lieb von Liebe wagen,
  Als sich blühend in der Hand
  Lässt die Rose tragen *(Nikolaus Lenau)*

. Wer mit täppischer Hand nach einer Rose greift, darf sich nicht beklagen, dass ihn die Dornen verletzen. *(Heinrich Heine)*

# ROSIGES – GETRUNKEN

*Weil ihr Duft zart an das Teearoma erinnert, kam eine gelbe Rose zu weltweiten Ehren. 1809 wurde das Pflänzchen mit der grüngelben Blüte aus Südchina nach England gebracht. Böse Zungen behaupteten bald, unehrenhafte Teehändler hätten die billigen Blütenblätter wegen ihres Duftes unter die kostbaren Teeblätter mischen wollen. Doch die Rosenfreunde waren erfreut von dem Import: Generationen von Züchtern bemühten sich darum, Farbenpracht und Duft dieser Rose zu verbessern, ihre Widerstandskraft zu erhöhen. Bis heute ist sie die zart nach Tee duftende Teehybride geblieben.*

## Rosenbowle
**Zutaten:**
7-10 voll erblühte Rosen (stark duftend)
2 Flaschen Weißwein
1/2 Stange Zimt
Muskatblüte
Zitronenschale-Spirale
1 Flasche Champagner od. Sekt
wenig Honig
**Zubereitung:** Die entblätterten Rosen in ein Gefäß legen und mit Weißwein (Silvaner oder Reinhessen) begießen. Den Zimt, die Zitronen-Spirale und ein wenig Muskatblüte dazugeben und für drei Stunden kühl stellen. Danach den Bowlenansatz durch ein Haarsieb schütten und die klare Flüssigkeit mit einer weiteren Flasche Wein auffüllen. Mit Honig süßen und den Champagner dazugießen. Als Dekoration eine schöne Rose obenauf schwimmen lassen.

# Puppenhochzeit

Leise schlägt die Uhr die zwölfte Stund`,
die Puppenwelt erwacht.
Heute hat ein Liebespuppenpaar
gerade Hochzeitsnacht ...
Der Musketier aus Ebenhoz
bewundert sich mit stillem Stolz,
und sagt ganz laut zu seiner Braut:
„Liebst Du mich auch wirklich?"

Leise schlägt die Uhr die zwölfte Stund´,
der Priester steht bereit,
und es kniet die Braut vorm Traualtar
im weißen Hochzeitskleid,
steif und stramm der Bräutigam
Abschied nimmt von seiner Freiheit ...

Leise schlägt die Uhr die zwölfte Stund´,
sogar die Großmama ist da:
Und zu der Hochzeit
kommt der Onkel,
kommt die Tante,
kommt der Vetter - aus Cottbus!

**Dt. Text: Fritz Rotter/Armin L.Robinson    Musik: Nacio Herb Brown, Copyright 1929 by Sherman, Clay & Co., San Francisco Dreiklang-Dreimasken Bühnen- und Musikverlag für Deutschland**

# SORRY, I´M A MANAGER!

**Obwohl die US-Boys** and Girls im Publikum getobt hatten vor Vergnügen, obwohl es Standing Ovations gegeben hatte noch und nöcher, war in den amerikanischen Zeitungen fast nichts über sie zu lesen. Die US-Presse hatte sich wohl darauf geeinigt, die HAPPY-HUHN-HARMONISTS aus Germany totzuschweigen.

What a pity!
Mehr auch nicht.

Wieder waren sie dabei, ihre Koffer zu packen. Routiniert und zügig. Allein Henriette bummelte. Hier ein Söckchen, das sie gedankenlos neben die Seife stopfte, dort ein Krägelchen, das sie achtlos überm Kofferrand hängen ließ. Allem Anschein nach war sie überhaupt nicht willens, ihre Habseligkeiten für die Fahrt in die Heimat zu verstauen. Als sie langsam den Schnabelmund öffnete war klar, dass der Anschein nicht trügte.

„Ich komm nicht mit. Ich bleibe hier in Juuhh-esss-eeehhh. ---
Sorry", schob sie, schon ganz Amerikanerin, nach. Dann folgte die Begründung, in der viel von Sättigung einerseits, Neu-Orientierung und Herausforderung andererseits die Rede war. Auf den Punkt gebracht hatte die Sprenkelhenne Appetit auf etwas anderes bekommen, nun, nachdem sie als HARMONIST alle möglichen Gipfel erklommen hatte. Nicht mehr nach Gesang, sondern nach Management stand ihr der Sinn. Und als sie vor einer Woche beim Auftritt in Memphis diesem blassen Knäblein mit dem schönen Mund, den biegsamen Hüften und der billigen Gitarre begegnet war, stand für sie fest, dass sie ihn unter ihre künstlerisch-geschäftlichen Fittiche nehmen wollte.

193

„Ein Versuch, o.k., dieser Aaron, eine ganz andere Nummer als das Übliche. Aber gerade das reizt die alte Polly Pickpick."

Sie stülpte den Koffer, den sie zu Ablenkungszwecken gerade eben gefüllt hatte, kuzerhand um. Seelenruhig räumte sie alles wieder in den Schrank ein. „Werde wohl fürs erste hierbleiben. Von diesem Hotelzimmer aus kann ich ganz Gods-Own-Country-Amerika aufrollen. Very easy, mit meinem Deutsch-Englisch-Wörterbuch, einem Telefon und meinem untrüglichen Instinkt." Die gesprenkelte Henne drehte sich diskret der nougatbraunen Henne zu. „Ich kann nämlich das Rascheln von Geldnoten wittern und exakt orten", gab sie der Freundin preis.

Natürlich waren sich alle darüber im klaren, dass Henriette dem Größenwahn verfallen war. Zugegebenermaßen die ideale Voraussetzung, um hier zu leben. Der American Way Of Life würde ihr null Probleme bereiten. Henriettchen - oder Henny, wie sie sich ab sofort nennen ließ - würde den Sprung ins Big Business, mitten hinein in einen Zugpitzen-hohen Dollarberg schaffen.

„Let us drink eine little Kleinigkeit zum Abschied", lud die künftige US-Bürgerin sie (nach emsigem Blättern im Dictionary) ein.

Ein paar Martinis noch, einige Handvoll Erdnüsse, ein tapfer gekrächztes „Denn mal Tschüss!", und die HAPPY-HUHN-HARMONISTS waren zum Duo zusammengeschrumpft.

# MENÜ MADE IN USA

*Klassischer amerikanischer Before-Dinner-Drink:*
## Martini dry
### Zubereitung:
*6-8 cl Gin und 1 cl Vermouth Dry in ein mit viel Eiswürfeln gefülltes Rührglas gießen und rühren, bis die Kälte durch das*
*Glas dringt. In eine vorgekühlte Cocktailschale abseihen und eine Olive dazugeben.*

*Bunte Salate, zusammengesetzt aus Fleisch, Gemüse und passenden Früchten, sind eine amerikanische Erfindung. Als hochwertige >Fast Food Nahrung< sättigen sie auf deliziöse Weise ganze Heerscharen von stressgeplagten, ewig unter Zeitdruck stehenden Business-People.*
## Geflügelsalat mit Sellerie
### Zutaten:
*250 g gares (gegrilltes) Hühnerfleisch*
*1/2 gekochte Sellerieknolle*
*1 fein gehackte Zwiebel*
*Saft einer Zitrone, Salz*
*75 g gehobelte Mandeln*
*15 g gefüllte Oliven*
*100 g halbierte entkernte Weinbeeren*
*1 kleine Dose Mandarinorangen*
*250 g Majonäse*

## Zubereitung:
*Hühnerfleisch würfeln, Sellerie in Streifen oder Würfel schneiden, beides mit der Zwiebel mischen, mit Zitronensaft beträufeln, salzen und eine Stunde kühl ziehen lassen. Mandeln, in Scheibchen geschnittene Oliven, Weinbeeren und Mandarinorangen dazu geben, die Majonäse vorsichtig unterziehen. Den Salat auf Kopfsalatblättern anrichten. Als Beigabe reicht man Toast und Butter.*

*(Die Amerikaner haben übrigens noch mit vielen anderen Geflügelsalaten aufzuwarten. Sie kombinieren Hühnerfleisch beispielsweise mit gekochten Maronen und Paprika, mit frischen Austern und Kopfsalat oder mit Walnüssen und Staudensellerie.*
*Salate dieser Art haben den Vorteil, dass man sie auch aus Dosenzutaten - und damit dann besonders schnell - zusammenstellen kann.)*
*Zu einer Art Nationalgebäck hat sich der Cheesecake entwickelt, der als Dessert oder kleine Zwischenmahlzeit gegessen wird. Zwar stammt der Kuchen aus Frischkäse schon von den Alten Griechen ab, doch haben ihn die Amerikaner vor einigen Jahrzehnten (etwa zur gleichen Zeit wie die Pizza) neu entdeckt.*

## Cheesecake
### Zutaten:
*9 Stück Zwieback*
*40 g Butter*
*135 g Zucker*
*500 g Frischkäse, z.B. Philadelphia*
*1 Eßl. Zitronensaft*
*5 Eier (getrennt)*

***Zubereitung:***

*Zwieback in Brösel verarbeiten (= in ein Geschirrtuch einschlagen und mit dem Teigroller zerdrücken), mit 2 Eßlöffeln Zucker und der Butter mischen und so lange zwischen den Handflächen verreiben, bis sich die Zutaten miteinander verbunden haben. Die Zwiebackmasse mit einem Eßlöffel in die sehr gut gefettete Springform füllen und zu einem glatten Boden drücken.*

*Den Frischkäse glatt rühren, nach und nach restlichen Zucker,*

*Zitronenschale, Zitronensaft und Eigelb zugeben und cremig rühren. Eiweiß zu steifem Schnee schlagen. Käsecreme auf den Eischnee geben und mit dem Schneebesen lose unterziehen. Die Masse sofort auf den Zwieback füllen und bei 150 Grad etwa 75 Minuten backen. (Die Mitte des fertigen Kuchens muss elastisch und fest sein.) Den Kuchen 10 Minuten auskühlen lassen, dann Rand der Springform lockern. Erst nach 3 Stunden Ruhezeit servieren.*

*Komplettiert wird dieses Menü durch das amerikanische Nationalgetränk, einer - im besten Falle - coffeinhaltigen dunkelbraunen Limonade mit Namen COCA COLA.*

***Cheerio!!!***

# NÄCHTLICHER LESEZIRKEL

**Muss dich sprechen.**
**Dringend!!!**
**Hilde.**

Ein Zettel diesen Inhalts ruhte in Hannas Briefkasten, genau
dreieinhalb Zentimeter über Hildes Briefkasten und neben
den 22 anderen Briefkästen im schicken
Apartmenthochhaus. Die beiden Rest-HARMONISTS hatten
sich nach ihrer Rückkehr aus den USA hier eingemietet, um
die Kosten fürs Nobelhotel zu sparen und möglichst ruhig
und anonym ihr personenreduziertes Comeback zu planen.
Eine Flasche Pfälzer Landwein unterm Flügelarm stand bald
darauf der eine HAPPY-HUHN-HARMONIST vor der Tür
des anderen HAPPY-HUHN-HARMONIST. Mit mulmigen
Regungen im Magentrakt. Die drei Ausrufezeichen hinterm
>Dringend< ließen Hanna nichts Gutes ahnen.

Hilde öffnete die Tür und streckte ihr die Hände entgegen
wie ein Wanderprediger der laufenden TV-Kamera. Ihr
Monokel funkelte verheißungsvoll. „Endlich", hauchte sie.
„Ich muss dir von dieser Nacht erzählen. Sie hat mein Leben
verändert und meine Zukunft in ein neues Licht getaucht."

Die Regungen in Hannas Bauch nahmen beträchtlich zu. Sie
war es gewohnt, dass ihre Sangeskollegin sich eines etwas
altmodischen Sprachstils befleißigte, doch dermaßen
salbungsvoll hatte sie sie nie zuvor schwatzen gehört.
Dahinter steckte etwas. Etwas Bedrohliches. Etwas
Schreckliches.

„Handelt es sich um einen Kerl?", fragte sie mit der
Direktheit eines Smith&Wesson Polizeirevolvers.

Die Henne, die reinweiß und adrett wie die Badezimmerkacheln war, schüttelte den Kopf. „Nicht doch! Was DUUUU immer gleich denkst .... Nein, ich hatte einen Traum. Eine Vision, gewissermaßen." Hildchen setzte sich steif wie ein Lineal aufs Blümchensofa, rollte die Pupillen in Richtung Kristall-Lüster und schwärmte: „Mein Leben wird von nun an voll Sinn, voll Reichtum und voll Befriedigung sein. Denn ich werde -------------- (Pause) -------------- Kinder unterrichten! Dutzende von wissbegierigen Erstklässlern, die darauf brennen, die Kunst des Lesens zu erlernen."

Bravo. Damit war es raus. Die Gurke aus dem Glas, die Katze aus dem Sack oder wie auch immer. Hanna schluckte. Sehr oft und sehr tief.

„Das hast du geträumt, Hilde? Bist du dir da ganz sicher?"

„Ganz, ganz sicher. Klar und deutlich habe ich Büblein und Mägdelein vor mir gesehen, wie sie verzweifelt versuchten, das dicke Buch, das aufgeschlagen vor ihnen lag, wieder zuzuschlagen. Doch da betrat ich den Raum, mit einem Körbchen bis zum Rand gefüllt mit Brillen und Monokeln! Flugs hatte ich dieselbigen an die Kindlein verteilt, und, siehe da, sie vermochten damit zu lesen. Fließend und fehlerfrei. Da, teure Freundin, wusste ich, dass das Schicksal mir bestimmt hatte, Lehrerin zu sein."

Der nougatbraune Rest-HARMONIST Hanna versuchte einen letzten Trumpf auszuspielen: „Meinste nich, dass das bedeuten könnte, dass du in Optik machen sollst? Zeisig-Aktien erwerben, zum Beispiel, oder Brillengestelle entwerfen? Das könntest du leicht mit unseren zukünftigen Gagen bewerkstelligen, Hilde." Traurig blickte sie in ein

Gesicht, in dem Entschlossenheit wohnte. Nein, es hatte keinen Sinn mehr. Hilde hatte bereits eine Position als Aushilfslehrkraft im Sauerland angenommen. Aus dem HAPPY-HUHN-HARMONIST-Bariton war ein Fräulein Lehrerin geworden. Über Nacht.

Hanna wünschte ihr Glück und stieß mit ihr aufs Sauerland und sämtliche sauerländischen Minderjährigen an. Mehrere Flaschen lang. Dann wankte sie über den Hausflur heim in ihr Apartment. Dabei lallte sie. Etwas, das sich anhörte wie ........

„Oh mein Häuptling, ich glaube die Welt ist in grrrroße schwerrrre Schwierigkeiten."

# Das Monokel und das Manokel
oder:  Was Sie schon immer über das mit der Hand gehaltene Einglas wissen wollten, sich aber nie zu fragen getrauten.

---

Bereits im 13. Jahrhundert wurde das Einglas zum besseren Erkennen der Buchstaben als Leseglas über die Schrift gehalten. Bald hielt man die Gläser nicht mehr über die Schrift, sondern direkt vors Auge. Dieses mit der Hand gehaltene Glas wird als Manokel bezeichnet (abgeleitet aus dem Lateinischen manus - die Hand - und oclus - das Auge).

Im Gegensatz zum Leseglas für Alterssichtige wurde das Manokel am Ende des 15. Jahrhunderts hauptsächlich mit Konkavlinsen für Kurzsichtige ausgerüstet. (Eine erste bildliche Darstellung findet sich auf einem Gemälde von Raffael aus dem Jahre 1517.)
Die vorzuhaltenden Eingläser wurden allmählich die in der besseren Gesellschaft allein gestatteten Sehhilfen. Das Manokel konnte elegant versteckt und in ganz heimlicher Weise benutzt werden. Es gelang damit leicht, das >Gebrechen< der Kurzsichtigkeit zu verbergen. Seine Blütezeit erlebte das Manokel in Frankreich während der Direktorialzeit (1795-1799). Neben dem Binocle (Scherenbrille) war das Manokel das wichtigste modische Attribut eines sogenannten >Elégant<. Karikaturen aus dieser Zeit zeigen, wie es entweder mit einer am Stiel durchgezogenen Kette oder Schnur um den Hals getragen wurde.

Im Bürgertum entwickelten sich bald Vorurteile und eine strikte Ablehnung des Manokels, dessen Benutzung als hochmütig angesehen wurde.

Eine andere Variante des Einglases ist das Monokel, das mit dem um das Auge verlaufenden Ringmuskel festgehalten wird. Der besseren Trageeigenschaft wegen wurde der Glasrand oftmals gerieft. Eine weitere Ausführung ist das in Nutendraht gefasste und mit einer sogenannten >Galerie< versehene Monokel. Eine nicht belegbare Geschichte schreibt die Erfindung dieser originellen Sehhilfe dem König Karl II. von Schottland und Irland (1630-1685) und einem Kölner Glasschleifer zu. Erwähnenswert ist auch der deutsche Baron Philipp von Stosch (1691-1757), der die Kühnheit besaß, sich ein Brillenglas in die Augenhöhle zu klemmen, obwohl sich die elegante Welt noch der Manokel bediente. Der abenteuerliche Sonderling, Kunstsammler und Kunstkenner benutzte das Monokel, um beim Betrachten von Kunstblättern und Kupferstichen die Hände frei zu haben.

Erst 1802 ist das Monokel in England als anerkannte Sehhilfe belegt. Anfangs war es erbitterten Anfeindungen ausgesetzt, da man in ihm nicht die Sehhilfe sah, sondern eine Zurschaustellung des Hochmuts oder einer Laune. Der englische Arzt und Brillenkundige William Kitchiner (1777-1827) wütete gar, dass nichts >dem Sehwerkzeug verderblicher sein< kann >als der plumpe Brauch, ein Glas durch Einklemmen .... zu halten<.

Fest steht: Gesundheitsschädigend ist das Monokel nicht. Und allem Widerstand zum Trotz hat es sich lange in der gesellschaftlichen Oberschicht und im Offizierskorps behaupten können. In den wilden 20er Jahren erfreute sich das von Spöttern als degeneriert abgetane Attribut - wohl gerade wegen der kleinbürgerlichen Anfeindungen! - bei vielen Künstlern und auch bei den Damen großer Beliebtheit. Und mancher Schauspieler, wie zum Beispiel der unvergessene Hubert (Hubsie) von Meyerinck ist ohne sein Monokel undenkbar.

# ZUM SCHLUSS: DIE WAHRHEIT!

**Hanna hockte** auf dem Apfelbaumast und dachte nach. Eine mühsame Angelegenheit.

Vor einem Mikrofon zu stehen und zu singen war bedeutend angenehmer gewesen. Sogar das Sitzen auf einer überfrequentierten Hühnerstange in einem spießigen Hühnerstall erschien ihr in diesem Moment erstrebenswert. Oder amüsant. Jedenfalls amüsanter als die augenblickliche Lage und der Blick in die Zukunft. Die HAPPY-HUHN-HARMONISTS gab es nicht mehr. Das war die Wahrheit. Hart wie ein Käsebrettchen und genau so schwer zu schlucken.

Was, bitte, sollte sie nun mit sich anfangen???

Neue Mitglieder für eine neue HARMONISTS-Gruppe rekrutieren?

No.

Die Vergangenheit hatte gezeigt, dass das einmal erreichte Niveau und die vollkommene Harmonie sich nicht beliebig wiederholen ließen. „Never change a winning team" sagen die Amerikaner in solch einem Fall. „Aufgewärmtes kann nie so gut schmecken wie frisch Gekochtes" sagen die deutschen Köche und haben genau so Recht.

Hanna wälzte einen anderen Gedanken im Kopf herum: Ob ich eine Einzelkarriere starten sollte, als Hitparadensängerin oder dergleichen? Sie ließ ihn wieder fallen, den Gedanken. Nein, is nich mein Ding. Ausserdem muss man dazu blond sein und tadellose Zähne haben. Und jung! Jung muss man sein! Sie guckte an ihrem nougatbraunen Gefieder herunter.

Bin ich nich, stellte sie fest, dafür aber energisch gepflegt. Ein Wind kam auf und ließ sie frösteln. Er bescherte der Hanna neben einer Hühnergänsehaut weitere unangenehme Einsichten:

Was, wenn das letzte Talerchen aufgebraucht war, hm? Wo sollte sie dann hin, hä? Gab es auf der ganzen großen weiten Welt überhaupt noch ein kuscheliges Plätzchen für eine Henne mit orangefarbenem Schnabel, hoher Stimme und einem Sack an ebenso aufregenden wie nützlichen Lebenserfahrungen???

Es gab. Sie konnte jederzeit in ihren heimatlichen Stall zurückkehren. Zu den impertinenten Junghennen, zu diesem unsäglichen Macho-Hahn ('nem Typen, den sogar ein Sumpf wieder ausgespuckt hätte) und zu der Heizung, dem weichen Stroh, der regelmäßigen Essensausgabe.

Das war, gebündelt und fein abgewogen, nicht mal übel.

Bedeutend gelassener sah Hanna dem Blättchen nach, das vom Wind aufgewirbelt erst an ihrer rechten, dann an ihrer linken Wange vorbeischwebte. >Leonhard Laberbacks neuester Roman< stand drauf. Und noch mehr. Aber das konnte sie natürlich nicht lesen, weil das Blatt sich nicht im Geringsten an ihr Lesetempo hielt. Irgendwas von >erschienen im ..... Verlag, 1293 Seiten ...... jetzt ......... beim Buchhändler Ihres Vertrauens.......<

NATURELLEMENT, wie der gebildete wie auch der ungebildete Franzose zu sagen pflegte, dies war die Lösung all ihrer Probleme: EIN BUCH.

Hanna entschloss sich, die Menschheit und den übrigen Rest mit ihrer Autobiografie zu beschenken. Bei entsprechender Auflage plus Neuauflage, Übersetzungen in diverse Landessprachen, etwaigem Verkauf von Filmrechten, wäre ihr ein Dasein in angemessenem Luxus sicher, gespickt mit kurzweiligen und gut honorierten Auftritten in Talk-Shows und Werbefilmchen.

Wunderbar!!! Ganz, ganz wunderprächtig!!!

Eine mit sich und dem Universum zufriedene Henne brachte den Apfelbaumast unter sich durch rhythmisches Kopfnicken zum Wippen. Auch der lächerliche Haken, den die Sache mit dem Buch hatte, konnte die Wipperei nicht stoppen.

Ja, ja, sie war des Schreibens nicht mächtig, na und?!

Für diese niederen Verrichtungen konnte man einen ..... wie hieß das doch gleich? ..... Gespensterschreiber? ..... nein ..... Ghostwriter engagieren. Jemanden, der das was Hanna erlebt, erlitten und erdacht hatte, in kleine schwarze Buchstaben umwandelte. Unter ihrer strengen Aufsicht, selbstverständlich. Bescheiden, willig und unendlich dankbar, am Triumph einer einmaligen Hanna und einer einmaligen Vokalgruppe teilhaben zu dürfen. Für diese Aufgabe kam praktisch jeder in Frage. Deshalb konnte sie das erstbeste Wesen, das sich ihrem Apfelbaum in aufrechter Haltung näherte, zu ihrem ganz persönlichen Ghostwriter machen. Also nur noch ein Weilchen hockenbleiben und schön abwarten.

EINS-ZWEI-DREI-VIER-FÜNNEF-SECHS-SIEBEN-ACHT-NEUN-ZEHN-ELF-ZWÖLWE-DREIZEHN-VERDAMMT-NOCHMAL-VIERZEHN-FUFFZEHN-------

---------------------------------------------------------------------

„Hallo Sie da!, rief mir das Huhn von oben auf dem Ast mit aller Wucht seiner Autorität zu. „Bleibense mal stehn, ich hab Ihnen da´n interessanten Vorschlag zu machen!"

Ich tat wie geheissen und hörte zu.